儿童文化建设研究

陈卫 著

北京理工大学出版社
BEIJING INSTITUTE OF TECHNOLOGY PRESS

内容提要

文化哲学认为，儿童因其文化存在而成为儿童，文化和儿童是一致的、相互促进的；文化建设应该为儿童的真善美和幸福着想，以便实现儿童自由的人性化理想。师范类院校作为直接培养儿童教师的场所，理应引导、示范和带动中小学幼儿园把儿童文化的建设作为其经常的、稳定的、本质的表现。本书在文化哲学基础现象学的指导下，分析儿童文化在社会上、学校中面临的问题后，以文化哲学和其指导下的文化生态学作为理论基础，探讨在社会文化、学校文化、学科文化、专业文化、课程文化、教师文化和教学文化的建设前提和背景下，师范类院校儿童文化建设之路。

图书在版编目（CIP）数据

儿童文化建设研究 / 陈卫著.—北京：北京理工大学出版社，2017.6

ISBN 978-7-5682-4256-1

Ⅰ.①儿…　Ⅱ.①陈…　Ⅲ.①儿童－文化－研究－中国　Ⅳ.①D669.5

中国版本图书馆CIP数据核字(2017)第133484号

出版发行 / 北京理工大学出版社有限责任公司
社　　址 / 北京市海淀区中关村南大街 5 号
邮　　编 / 100081
电　　话 / (010) 68914775（总编室）
　　　　　(010) 82562903（教材售后服务热线）
　　　　　(010) 68948351（其他图书服务热线）
网　　址 / http://www.bitpress.com.cn
经　　销 / 全国各地新华书店
印　　刷 / 北京紫瑞利印刷有限公司
开　　本 / 710 毫米 ×1000 毫米　1/16
印　　张 / 11
字　　数 / 195 千字
版　　次 / 2017 年 6 月第 1 版　2017 年 6 月第 1 次印刷
定　　价 / 65.00 元

责任编辑 / 李玉昌
文案编辑 / 高雪梅
责任校对 / 周瑞红
责任印制 / 边心超

前 言 Preface

由于儿童成人化的趋势愈演愈烈和应试教育的影响，儿童文化建设岌岌可危。师范类院校是儿童教师的培养场所，也是全社会先进文化的引导者、示范者，理应承担挽救和振兴儿童文化的重任，理应把儿童文化建设作为其经常的、稳定的、本质的表现。基于此，本书重点对师范类院校儿童文化建设进行研究。

其实，对于儿童及其教育的研究早已有之。我国对儿童及儿童文化的研究兴起于20世纪80年代。但查阅“中国知网”对“儿童文化”进行搜索后发现，国内对儿童文化研究的相关专著不多。2015年，张玲玲等发表了《我国有关儿童文化的文献述评》（《山东农业工程学院学报》，2015年第4期），认为目前儿童文化的研究包括儿童文化的概念、特点、生成，儿童文化与成人文化的关系及儿童文化的发展现状等。而目前我国关于儿童文化的研究大多仅仅局限在理论思辨上，停留在应然状态，在研究方法上有待丰富和完善，在内涵的研究上有待进一步拓展，在儿童文化与教育的研究上有待丰富。

目前，在我国，文化哲学、文化生态学和教育现象学理论和方法在研究与实践领域的运用，还处在应用传播和发展阶段。由于文化哲学以人与文化的关系为切入点，以关注人为核心，对文化的本质进行深入的揭示和把握，把人的优化和解放作为根本追求，是人性化的世界观、方法论和思维方式，与本书的目标一致，因此笔者把其作为本书的理论基础之一；儿童文化的建设离不开社会文化、师范类院校的学校文化、学科文化、专业文化、课程文化、教师文化和教学文化的建设，它们是文化生态共同体的组成部分，因此本书将包含整体观和共生观、多样平衡观、动态开放观和层次结构观的文化生态学作为理论基础之二；由于教育现象学是具有实践特性的学问，它不直接解决问题，但能让我们通过深入生活，分析、阐释和说明问题，深刻认识问题的本质，因此本书把教育现象学作为方法论。

综上所述，基于发现儿童、尊重儿童和理解儿童的宗旨，以如何教育儿童为研究核心，本书从追求实然状态出发，深入儿童和未来儿童教育师范生的生活中，切实研究和落实儿童文化建设。

由于笔者能力有限，书中难免有疏漏或不足之处，恳请广大读者批评指正。

著　者

目　录 Contents

第一章　儿童文化相关概念界定…………… 1

第一节　儿童 …………………………………… 1

第二节　童年 …………………………………… 2

第三节　文化 …………………………………… 6

第四节　儿童文化 ……………………………… 11

第二章　儿童文化建设研究的理论基础介绍……………………………… 15

第一节　文化哲学 ……………………………… 15

第二节　文化生态学 …………………………… 21

第三节　教育现象学 …………………………… 25

第三章　对儿童本质的现象学描述………… 50

第一节　儿童是天生的哲学家 ………………… 50

第二节　儿童是自然的生活者 ………………… 52

第三节　儿童是本能的游戏者 ………………… 55

第四节　儿童是自发的学习者 ………………… 57

第五节　儿童世界是思考、生活、游戏、学习的交融 ……………………………… 59

第四章　对儿童文化危机的现象学描述…… 63

第一节　社会中的儿童文化危机 ……………………64

第二节　学校中的儿童文化危机 ……………………86

第五章　儿童文化危机的成因……………… 112

第一节　社会历史和文化传统方面的成因 …… 112

第二节　教育方面的成因 ……………………… 114

第六章　儿童文化建设的取向、途径及实施……………………… 115

第一节　儿童文化建设的取向 ………………… 115

第二节　儿童文化建设的途径及实施 ………… 119

总结和展望……………………………… 165

参考文献………………………………… 166

第一章　儿童文化相关概念界定

梳理、界定相关概念是研究展开的基础和前提。一般来讲，人们常从词义或术语或二者兼具的视角分析概念。

第一节　儿童

在英文中，与儿童相对应的单词是"child"，根据英国的传统，child是指从出生到青春期结束这一年龄段的特殊群体。

对"儿童"进行中国的词源学考证，"童"字最早写作"僮"。《说文·辛部》中写道："童，男有罪曰奴，奴曰童。女曰妾。从辛重省声。"《说文·段注》中说："童仆字作僮，皆汉以后所改。"《说文·辩字正俗》中也说："童仆字作僮，以童为童子，皆汉以后所改。"而《蛾術编》(作者是清代学者王鸣盛)中说，"王褒童约恐传写改柳宗元童匾寄传则唐人误用也"(匾应该是区)①。不论是汉以后的改动，还是唐朝时的误用，总之，最初的"童"字在"金文中间从人，可以看到头上有'辛'(刑刀)，中间有'目'(眼睛)，身上负重(有东西)，而下面是'土'，会男子有罪受发刑为奴之义"②。唐朝之后，儿童一词才开始被广泛使用，如唐代诗人杜牧的《清明》中写道："借问酒家何处有，牧童遥指杏花村。"

"童"还指未长出角的牛或羊。《易经·大畜》中说："童牛之牿。"《诗经·大雅·抑》中说："彼童而角。""童"还指山无草木。东汉末年刘熙的《释名·释长幼》中说："山无草木亦曰童。"除了指发育未全之外，"童"还指愚昧无知。西汉贾谊的《新书·道术》中说："反慧为童。"此外，古代还有童蒙、童昏等说法。经由近代学者研究证实为春秋末期鲁人左丘明所作的《国语·晋语四》中说："聋聩不可使听，僮昏不可使谋。"句中僮指无知；昏指暗乱。

《说文·儿部》中说："儿，仁人也。古文奇字人也。象形。孔子曰：在人下，

① 丁福保．说文解字诂林[M]．北京：中华书局，1988．

② 谷衍奎．汉字源流字典[M]．北京：华夏出版社，2003．

故诘屈(诘同‘级’音，支支吾吾)。兒，孺子也。从儿，像小儿头囟未合(字形采用‘儿’作偏旁，像小孩的头盖骨没有密合的样子)。”从字形上看，古人已经注意到了儿童有别于成人的生理特点，同时也蕴含着儿童心智未全的意思。此外，古语中还有大量与童年相连的称谓，如婴、孩、幼、赤子、小人、娃等。

从词源学的考证中可以知道中国古人对儿童与童年的一般认识和基本看法。“童”字最初用的是奴仆之意，且有发育未完全之意。汉唐之后才改为用来指“童子”，即今日的“孩童”之意。童蒙、童昏等说法都体现了成人对儿童价值的低估或忽视。“儿”字引申出了“儿戏”一词，初指儿童的嬉戏玩耍，后来又引申用来形容成人做事不严肃、不认真。总之，成人对儿童的不重视、不了解而引发的误会已有数千年，这些观念至今影响我们。

直到目前，对于什么人属于儿童，全世界还没有统一的认识。一般人们把儿童看作生理阶段的未成年人，所以把年龄作为认定“儿童”的指标。在法律文件和习俗中，一般把 18 岁以下的人规定为“儿童”。1989 年 11 月，在联合国颁布的《儿童权利公约》中，明确把儿童规定为“18 岁以下的任何人”；我国 2012 年修订的《中华人民共和国未成年人保护法》也明确规定：“未成年人指未满十八周岁的公民。”在不少学科中，如教育学、社会学等把从 0～12 岁或 0～14 岁的人称为儿童。从生理上看，研究者对于“儿童期”到底应从什么时候开始算起这个问题，大致有四种不同的看法：一是从出生开始；二是从怀孕的母亲对孩子概念的形成开始；三是从胎动开始；四是从婴儿期结束开始。对于儿童期的上限，广义的界定是：泛指法定成年人年龄以下的人；狭义的界定是：将未成年人分为婴儿期、幼儿期、儿童期、少年期、青年期，把青年期单独列出去，儿童期或少年期以前的时期都叫儿童期。从心理上来看，研究者认为“儿童期”也有广义和狭义之分，广义是指个体从出生到成熟(指身心发育过程的完成)这一段时间，即 0～18 岁；狭义是指学龄初期，即介于幼儿期和少年期之间的时期，即 6～12 岁。根据大脑机能的成熟度指标，3 岁时个体脑重量已达到成人的 70%，13 岁时个体脑机能已达到成人的水平，据此把儿童时限的上限定在 13 岁。

本研究主要关注 3～12 岁的儿童。

第二节　童年

在英文中，与童年相对应的单词是“childhood”。由上节分析可知，童年的基本含义与“成年”相对，意即“未成年”。

让-雅克·卢梭在《爱弥尔：论教育》中说道：“在万物的秩序中，人类有它的地位；在人生的秩序中，童年有它的地位，应该把成人看作成人，孩子看作孩子。”①他认为童年是人类自然进化的结果，应该遵守自然规律和秩序。卢梭是历史上第一个发现童年的人。玛利娅·蒙台梭利也认为：具有童年是人类生命的特有之处。她说：“许多爱思考的人一想到新生儿的无助，就惊奇于为何拥有最崇高智慧的人类需要如此漫长且艰辛的婴幼儿期，而其他动物却不必如此。许多人禁不住要问婴幼儿期到底是怎么回事。这的确是一种心灵创造，对个体来说是从零开始。婴儿并不像小猫变大猫一样，从尚未成熟直到逐渐长大；也不像小牛、雏鸟那样随着叫声越来越响亮而长大。对于人类来说，这不只是一个发育的问题，更是一个从无到有的创造性问题，幼儿迈出巨大的一步，这种大幅的迈步成人便不会再有了。幼儿的心智与成人大不相同，他们拥有巨大的天赋能力。事实上，孩子的这种创造不是一般的成就，他们不仅创造了语言，更创造了开口说话的器官。他们创造了各式身体的动作、各种智慧的表达。”②玛利娅·蒙台梭利是意大利历史上第一位学医的女性，也是第一位医学女博士，因此，她比常人更明白与动物相比，人类生命中童年的独特性以及童年对于人一生的意义和价值。

人类学帮助我们解答了童年怎样产生又为何存在的问题，使我们对童年的独特性、地位和价值有了明确和清醒的认识。

如玛利娅·蒙台梭利所说，人类的一个独特现象就是新生儿几乎整体性的不成熟，包括身体和生理特别是神经系统发展的不成熟，行为、认知乃至情感和社会性发展的不成熟。人类的这种不成熟在所有动物中绝无仅有。因此，与其他动物相比，人类的童年是极其漫长的。人类生命周期中的30%都在生长，人类具有不同寻常的生长速率。

德国的文化哲学人类学家米切尔·兰德曼揭示了人类的结构③：第一个方面是人的非特定化。人总的构造没有片面地为了某种行为而被定向；人在本能上也是匮乏的。虽然非特定化开始可能产生消极影响，但是在漫长的发展过程中，它却有一个非常宝贵的优点。缺乏特定化被证明是“十分积极”这一能力的消极关联物，因为人的器官并非专门为某几种生命机能而制，它们有适合于多种多样用途的能力；由于人不为本能所控制，其本身就能思考和发明。所以，人可以用别的能力来代替缺乏的能力。他所缺乏的特定化，使他得到了多种多样的能力补偿。他自

① (法)让-雅克·卢梭．爱弥儿：论教育[M]．李平沤，译．北京：商务印书馆，1978.
② (意)玛利亚·蒙台梭利．新世纪的教育[M]．郭景皓，译．北京：中国发展出版社，2015.
③ (德)M. 兰德曼．哲学人类学[M]．阎嘉，译．贵阳：贵州人民出版社，2006.

己的首创精神，能使他适应变化着的外部条件，并通过创造发明和社会惯例，生存得更容易。“理性”被证明是非特定化必然的相关物。第二个方面是生长的节奏。首先，同与人的大小相类似的其他哺乳动物相比，人在子宫内要度过长得多的时间，人几乎提前一年就“来”到了世上，因而还有一个“子宫外年”。其次，人到成年需要经过更长的时间。由于人出生得早，因而增加的某些东西使其童年期得以延长；相应地，其成年期也延伸得更长，从而给成年期增添了某些东西。人的生长一直要持续到20岁以后，也就是说，甚至超过了青春期。在这段漫长的生长期内，人和动物不一样，而是遵循着另一种节奏。第一年，他长到与他关系最近的猿的两倍大，实际上赶上了猿在胚胎期的生长速度。由于第一年的集中生长，其大脑能在早期达到发达状态。此外，在哺乳动物中，最旺盛的生长期是在开初——胚胎期和幼年，到了成年便逐渐衰退。然而，对比之下，人从第二年到第九年却生长得很慢：在这个时期中，人总共只比第一年长大了约一倍。但是人的生长不会像动物那样到成熟期就逐渐减缓，而是会从第十年到第十六年，生长曲线又急剧上升——在这一时期中，人像第一年那样迅速地长了两倍。只有当这个“青春期生长”结束时，人的生长才开始稳定地衰退，直到完全停止。第三个方面是人向世界的开放性。动物把一切事物都与它本身联系在一起，只有它自己决定是否有价值的眼光来看待一切，把它自己当成中心；人却“无中心”地生活着，人不仅使世界朝向自己，而且也根据世界重新调整自己，使自己集中于世界，并认识自己在世界上所附属的和专断的地位，“入乎其内，又出乎其外，这就是人的位置。”这里正是内省、自我检测和自我教育的高级形式的所有潜在可能性的源泉。从以上分析可以看出，童年是人的类本质。

人类学的研究证实：童年发生于猿人(处于类人猿和智人之间的人，即原人)向智人进化的漫长过程中。

美国著名人类学家康拉德·菲利普·科塔克认为①：更大的颅骨需要更大的产道，但是双足直立行走限制了人类骨盆口的扩大。若骨盆口过大，骨盆就不能为躯干提供足够的支持，而出现移动困难，以及姿势问题。相反，若产道过窄，母婴(因为没有现代的剖腹产)可能死亡。自然选择影响了直立姿势和增加脑容量的倾向这两个结构性要求之间的平衡——生育未成熟和有依赖性的幼儿，其脑和颅骨在出生后急速生长。兰德曼在其哲学人类学中也论述到了这个问题。

---

① (美)康拉德·菲利普·科塔克．人类学[M].12版．黄剑波，等，译．北京：中国人民大学出版社，2012.

王喜海先假说脑是原人进化过程中的中心，接着发现①：自然选择、狩猎活动、社会生活、语言对人脑进化的影响很大，特别是社会文化的演进在生物学的产生智人的进化过程中发挥了决定性作用。原人社会高度的复杂性带来的压力促进了脑基因的突变。在此过程中，童年逐步诞生。幼年和少年的生物阶段的延长，甚至表现为"幼态持续"，即个体发育的未完成状态——以成年特征代替青少年特征。幼年时期的延长，为脑在外部世界刺激和文化影响下持续其组织上的发育提供了可能。这也意味着，个体发育进展的缓慢性有利于学习技能、发展智力，有利于文化的熏陶亦即传输。童年的产生与存在，正是生物进化和社会进化发展的必然要求和结果。童年的存在与发展，也必将是永恒的。童年不仅是一种特殊的人类学现象，而且也是表明人不同于其他动物的一项本质。仅从这点来看，我们就不能忽视童年，更不能随意践踏童年。

众多学者认为，童年具有生物适应价值和文化适应价值。

一方面，儿童的生长发育从属于人类的生长发育，它要遵循人类漫长的进化过程中形成的生长发育的速度和进程。另一方面，由于人类祖先彻底进化还有待完成，所以决定了儿童出生以后必须开放性地适应环境，通过后天的整体发展来弥补先天的缺陷。总之，人类之所以有童年，是因为人的总体构造的"非特定化"决定了人要有一个较长的自我创造和发展的阶段。

人类面对的不只是一个自然世界，还要面对一个文化世界。在这个文化环境里，儿童接受并传承文化，文化也影响并创造儿童。儿童必须生活在社会文化中，这样他们与生俱来的各种发展潜能和可能性才能展开，从而形成和发展出人的各种现实的规定和发展力量。儿童的成长不只是生物学意义上的，更重要的是社会文化意义上的。总之，儿童成长的根本在于从生物人发展成社会人，因此儿童需要文化，也需要童年的存在作为适应和学习文化的时间保障。

人类学的研究证实，教育的发生与童年的存在有着密切关系。人类的进化史显示，教育在古代灵长类动物社会里孕育，在原人社会中开始。人类学家通过研究生活在今天的灵长类动物，推测古代的灵长类动物的社会情况。对生活于现在的狒狒、猕猴、黑猩猩等的研究发现，其社会内部在成年雄性、雌性和未成年者之间有十分明确的分界线：成年雄猴是特权集团，负责保卫地盘，指挥抵抗捕食动物的进攻，领导群体；成年雌猴和青年猴均在下层帮扶，成年雌猴抚育幼儿，担负引导其融入社会的责任，青年猴则处于社会边缘，整天玩耍、学习、探索，

① 王喜海．论回归童年的儿童教育[D]．南京：南京师范大学，2008.

有时创新。所以，原始的文化因素发端于青年猴的游戏和探索活动，并在所有社会成员之间扩散。原始的教育因素则在成年雌猴对幼猴的抚育、引导中发芽。于是，在灵长类社会的日常生活中，就产生了原始的文化和原始的教育。随着复杂性的增加，学习的方式和内容都进一步完善。所以，可以说教育发端于原人社会。教育发生需要的基本条件包括：一是利用严格生物学意义上的性别和年龄差异，社会分化使一部分成年的社会成员成为新生一代的养育、保护和教育者，一部分未成年的社会成员成为被养育、被保护和受教育的人。二是语言和文化的产生，为教育发生不断提供传播媒介和传播内容。三是社会复杂性增加到一定的程度，社会经验只靠口口相传达不到应有的效果，非经过专门组织和传递，才能使得下一代社会成员传承文化，以便继续维持社会的发展。四是脑子继续扩大直到受到女性骨盆开口限制的尺寸，使得人类的胎儿不得不提早一年出生，造成新生儿需要母亲给予悉心照料的状态。同时，母亲的照料活动也伴随和发生着教育活动。此外，由于人类新生儿的脑发育还要在出生后完成，需要有意识施加全面的教育影响。五是童年的持续延长致使其成为个体专门用来学习的阶段。总之，教育的发生必须具备多种基本条件，既需要生物学的根据，又需要社会学和文化学等基础。而童年，就是其中导致教育发生的基本条件。

童年也是教育发生的一个主要因素。无论是人脑的进化，还是社会文化的演化，都促使人类的不成熟期不断延长以致使童年成为一种人类学现象。在这个因生物和文化进化发展而形成的待成熟期内，不论是个体脑的生长发育，其中包括个体在认知、能力、情感、态度、价值观和社会性等方面的发展，还是社会文化的传递与再生，都促使教育诞生成为可能，也要求教育成为一个必备条件。就个体发展而论，只有全方位不成熟的童年存在，才有促使个体全方位达到成熟的教育成为必要和可能。因此，童年成为教育发生的主要前提。在这个意义上，恰当的教育必然是从儿童的本质特性出发的教育。但是，我们需要更深入地认识童年。

本研究赞同以上对童年的认识。

第三节　文化

在西方，从词源上看，“文化”一词起源于拉丁词“cultured”，意思是“耕种”。到18世纪，随着遍布整个欧洲的科学、艺术、哲学、政治思想等的进步，特别是在法国启蒙思想家和哲学家德尼·狄德罗等人领导的“百科全书”学派的努力下，

“文化”概念在西方思想史上第一次获得了重要的转化，被解释为“心灵的普遍状态和习惯、整个社会里知识发展的普遍状态、各种艺术的普遍状态”。文化，已经渐渐脱离了与改造自然界相关的活动，而与人类的智力发展和精神生活密切地联系在一起。人类生活也从对纯自然的直接依赖转变为对文化的依赖。在德国和法国，文化概念还获得了它的“教化”意义。“文化，就是对人进行智力、美学和道德方面的培养。”“有文化的(cultured)”被理解为“有教养的”。而一些原始的地区在欧洲贵族那里就被称为 uncultured，意思是“没有教养的”“未开化的”。“文化”有了“高尚的”意味。但是到了 19 世纪中叶以后，随着人类学家对原始部落的实地考察，发现所谓的“没有教养的”或“未开化的”人们按照他们自己的生活方式什么也不缺。这样他们不得不对产生于 18 世纪的“文化”概念重新理解。人类学之父英国人艾德华·泰勒在《原始文化》(1871 年)中提出“所谓文化或文明乃是包括知识、信仰、艺术、道德、法律、习惯以及其他人类作为社会的成员而获得的种种技能、习性在内的一种复合的整体”，被许多文化学家认定为是文化的经典定义，在文化学史上产生了重大影响。之后，一些人类学家对文化的定义又有所发展，增加了“价值性”“生活方式”“符号象征”和“文化战略”等若干特质。

在我国，从词源上看，古代“文”与“化”是两个词，很少连用。“文”的本义是“花纹”，转义是“文字”“文章”“礼乐制度”等，“文人”即指“知书达理”之人。“化”的本义是“变”“改”，引申义是“转移人心风俗”，如《周易·贲》中说：“观乎天文，以察时变；观乎人文，以化成天下。”较早地把两个字合在一起当名词用的是南齐王融《曲水诗序》：“设神理以景俗，敷文化以柔远。”今天我们所说的“文化”，概于 19 世纪末从日文转译过来，是西方人的“文化”概念，在内涵与外延上与传统的“文”“化”以及“文化”均有所不同，总的来说，是扩大了它的外延。《中国大百科全书》中关于“文化”的概念有广义和狭义之分，广义上就是梁启超在《什么是文化》中认为的，“文化者，人类心能所开释出来之有价值的共业也”；狭义上是指一定社会的政治和经济在观念形态上的反映，又给予一定的政治和经济巨大的影响。

下面着重从文化哲学视角来解释文化。

文化作为专用术语是 19 世纪中叶首先由文化人类学家提出的。文化人类学派第一种文化界说就是上文中泰勒对文化的定义，它注重文化的整体性、综合性和精神性，既不像近代西方文化只重视自然科学，也不像中国传统文化只强调道德。但是它只是一种描述性定义，只看到文化的各种并列现象和联系，没有揭示文化深层的一般本质和结构。第二种是以美国 F. 博厄斯为代表的文化历史——批评学派的重视文化客观性、具体性和历史性的文化定义，也注意到了文化的整体性，但是和第一种定义一样没有深入揭示文化深层的一般本质和结构。第三种是以英国马林诺夫斯基为代表的文化功能学派所作的“文化是包括一套工具及一套风俗——人体的或心灵的习惯，它们都是直接地满足人体的需要”，这个定义的优点在于揭示了文化的主体性特征，把文化同人的生命、需要有机联系起来，但是它忽略了人的价值观和主体态度在文化中的重要地位和作用，因为对同样的欲望和需要，不同文化模式里的人会有不同的态度和利用方式。第四种是以法国列维一斯特劳斯为代表的结构主义人类学的定义：应把文化视为一个系统，按照它的诸因素的结构关系加以考察。他们认为文化结构不是指实际存在的社会关系和文化关系，而是社会和文化关系中的无意识结构即深层结构，它根植于人类的心灵之中。该定义把握了文化的主体性结构，但尚未发现和注意与结构不同的文化中能动的生生不息的文化主体性。第五种是以美国怀特和德国卡西尔为代表的符号——文化学派的定义。怀特认为符号是人赋予其意义或价值的事物，它们是打开文化奥秘的钥匙。卡西尔广泛地研究了作为符号形式的神话、语言、宗教、艺术、科学等文化形态，认为人是使用象征符号的动物。从此，重视象征符号在认识人和文化问题中的地位成为西方文化学的主导潮流。美国学者克罗伯和克鲁克洪对文化所作的研究最为细致深入。他们认为①：“文化存在于思想、情感和起反应的各种业已模式化了的方式当中，通过各种符号可以获得并传播它，另外，文化构成了人类群体各有特色的成就，这些成就包括他们制造的各种具体形式；文化基本核心由两部分组成，一是传统(从历史上得到选择)的思想，二是与他们有关的价值。”“文化是历史上所创造的生存式样的系统，既包含显性式样又包含隐性式样；它们具有为整个群体共享的倾向，或是在一定时期中为群体的特定部分所共享。”刘进田认为②，该定义试图把文化的内隐内容和外显形式、抽象层面和具体层面、主观精神方面和客观形式方面、深层结构和表层结构等多种固有的对立方面结合起来，因此接近了文化的哲学本质。文化价值应该是“德”与“福”的配称一致，该定义为导出作为文化内核的合理价值结构提供了理论前提。文化的内隐结构将有可能导出价值观上的“高尚”，而文化的感性外显形式则可能导出价值观上的“幸福”。该定义从人和动物的区别上把握文化的本质，从而预示出文化的主体性，这也是值得肯定的，但是该定义的不足是忽略了人的主体地位，并且所讲的符号脱离了物质生产实践。

刘进田也从地域和国家视角考察了文化概念③。在文化理解上存在两种对立的

①②③ 刘进田．文化哲学导论[M]．北京：法律出版社，1999.

传统：体现科学主义倾向（实证）的英法美传统和体现人文主义倾向（思辨）的文化哲学传统。前者的文化用 civilisation，表示人所创造的业已形成的客观成果；后者的文化用 culture，表示动态的人的生命和精神创造。德国的界说可取之处在于把握住了文化的内在的、生生不息的能动创造性，引领人去关注和捕捉文化的内在主体性，但是离开了文化的感性具体形式，只重视精神的非理性的内在过程。英法美的界说能够把文化同具体社会制度、社会形态、社会组织、工艺技术、经济、政治等人类现实活动联系起来，有利于抑制文化中的神秘主义和主观主义。合理的文化界说应综合两种传统。

20 世纪初以来，文化作为世界性的学术问题也引起了我国学者的广泛重视和研究。对文化的界说大体也可分为英法美传统（如胡适等）和德国传统（如梁漱溟、朱谦之等）。胡适认为："文明（civilisation）是一个民族应付他的环境的总成绩；文化（culture）是一种文明所形成的生活的方式。"文明和文化在这里是统合的。梁漱溟说："文化是什么东西？不过是那一民族生活的样法罢了；生活又是什么？生活就是没尽的意欲（will）——此所谓'意欲'，与叔本华所谓'意欲'略相近——和那不断满足与不满足罢了。"朱谦之说："构成文化本质的东西，不仅是那已经可估定价值的人类生活所留下的总成绩，而是根源于人类生活深处那永远创造、永远进化的'生命之流'。""文化生活乃在永远创新、永远变化的过程当中；文化本身就是变和动的表现，而这个变动，就是生活进行，就是进化。所以，文化和进化根本只是一个，一方面是时时刻刻的积累，一方面即时时刻刻的创新。"而文化社会学家黄文山则综合了上述两种观点，有更多的合理性。他认为："文化包含两个状态，一是内部的，二是外部的。内部的领域，包括价值、观念、感觉、意义、思想等，亦可称为'文化的心态'（cultural mentality）。外部的领域则由非有机的和有机的现象，如物体、事素、历程等构成，没有外部状态，则内部经验无由表现。但二者相较，内部状态比外部重要，因为内部状态可以决定外部现象，并且使外部现象在某种意义与某种范围内成为体系的一部分。"

刘进田认为①，文化哲学应吸取、概括和阐释诸派文化人类学关于概念的合理部分，使之导向更深刻的层面，升华出自己的文化范畴。他认为，从文化哲学视界对文化范畴的界说，应当体现文化的表与里、动与静、共与殊、心与物的对立统一，同时要注意文化的整体性、主体性、一般性原则。文化是指存在和隐帅于人能动地改造世界和实现自我的对象性活动及其方式和结果中的普遍和恒定的集

① 刘进田．文化哲学导论[M]．北京：法律出版社，1999.

体意向。他接着阐释和分析：这种集体意向是形而上的、超越的和共性的存在。它包含两种意思：一方面它是内在的、一般的、稳定的形式结构(为社会全体成员所共享的一整套观念性普遍模式，如价值观念模式、思维模式和审美模式等)，另一方面它是一种能动的可能性。正因为人具有“集体意向”，人才有能力感知和理解周围事物的内在本质，才有认识和创造的无限能力和可能性。集体意向是动与静的对立统一体，它是一个有规律的生命的创造过程，是必然伴随其成果和产品的，这成果既有具体的物态化的文化成果，也有积淀在人的意识深层的文化心理结构以及存在于对象化的规范、物质成果中的意义。动静两方面总是相互依存、相互制约，并在相互作用中一起演变的。集体意向所意向的是人的自我优化、自我完善、自我发展。

综合以上中西方的观点，本研究从文化哲学的视角，认为文化一方面指人能动地改造世界和实现自我的对象性活动及其方式和结果，另一方面指存在于并引领前者的内在的一般的稳定的形式结构(为社会全体成员所共享的一整套观念和方式，如价值观念、思维方式和行为方式等)，是引导人自我优化、自我完善、自我发展的能动性。

文化的价值观念是社会群体在自己长期的社会历史活动中所积淀、形成的稳定的、持久的、普遍的对于自我、社会和宇宙的价值的观念，是人们对所评价对象的好与坏、恰当不恰当的一种根本性、总体性的看法、态度和标准。

文化的思维方式是在长期的实践生活过程中形成、积淀下来的人们从观念上把握一切事物和现象的持久性、普遍性、稳定性、习惯性的思维结构、程序、路线和习惯。

文化的行为方式是在长期的实践生活过程中形成、积淀下来的人们从行为上把握一切事物和现象的持久性、普遍性、稳定性、习惯性的行为结构、程序、路线和习惯。

根据本研究认定的文化的概念，梳理出本研究涉及的以下重要子概念：

社会文化：一方面指社会全体成员能动地改造社会和实现自我的对象性活动及其方式和结果，另一方面指存在于并引领前者的内在的一般的稳定的形式结构(为社会全体成员所共享的一整套观念和方式，如价值观念、思维方式和行为方式等)，并引导社会自我优化、自我完善、自我发展的能动性。

学校文化：一方面指学校全体成员能动地培养人才、进行科研、服务社会、传承和创新文化并实现自我的对象性活动及其方式和结果，另一方面指存在于并引领前者的内在的一般的稳定的形式结构(为学校全体成员所共享的一整套观念和方式，如价值观念、思维方式、行为方式等)，是引导学校全体成员自我优化、自我完善和自我发展的能动性。

学科文化：一方面指教师和学生能动地改善学科结构，提高学科水平并实现自我的对象性活动及其方式和结果，另一方面指存在于并引领前者的内在的一般的稳定的形式结构(为教师和学生所共享的一整套观念和方式，如价值观念、思维方式、行为方式等)，是引导教师和学生自我优化、自我完善和自我发展的能动性。

专业文化：一方面指教师和学生能动地改善专业结构，提高专业水平，满足社会的需要并实现自我的对象性活动及其方式和结果，另一方面指存在于并引领前者的内在的一般的稳定的形式结构(为教师和学生所共享的一整套观念和方式，如价值观念、思维方式、行为方式等)，是引导教师和学生自我优化、自我完善和自我发展的能动性。

课程文化：一方面指教师和学生能动地改善课程结构，提高课程教学质量并实现自我的对象性活动及其方式和结果，另一方面指存在于并引领前者的内在的一般的稳定的形式结构(为教师和学生所共享的一整套观念和方式，如价值观念、思维方式、行为方式等)，是引导教师和学生自我优化、自我完善和自我发展的能动性。

教师文化：一方面指教师能动地进行教学和科研并实现自我的对象性活动及其方式和结果，另一方面指存在于并引领前者的内在的一般的稳定的形式结构(为教师所共享的一整套观念和方式，如价值观念、思维方式、教学方式等)，是引导教师自我优化、自我完善和自我发展的能动性。

教学文化：一方面指教师和学生能动地进行教学，培养人才和实现自我的对象性活动及其方式和结果，另一方面指存在于并引领前者的内在的一般的稳定的形式结构(为教师和学生所共享的一整套观念和方式，如价值观念、思维方式、教学方式等)，是引导教师和学生自我优化、自我完善和自我发展的能动性。

第四节 儿童文化

“儿童文化”一词最早来源于儿童人类学与文化人类学的研究。

美国人类学家古德曼在其 1977 年著的《儿童文化》中认为，儿童文化研究就是去描述儿童在观察他们置身于其中的世界时看到了什么，即用儿童的视角看世界。托伦斯认为，儿童文化就是休闲活动与儿童个人的生活方式，形成于儿童与其生活的特定环境间的互动；福克斯认为儿童文化是适应儿童存在方式的游戏。①

刘晓东认为，儿童文化是儿童表现其天性的兴趣、需要、话语、活动、价值观念以及儿童群体共有的精神生活、物质生活的总和。它是儿童内隐的精神生活和外显的文化生活的集合。儿童的精神生活或精神世界是主观形态的儿童文化，儿童外显的文化生活是儿童精神生活的客观化、实体化。②

郑素华认为，刘晓东的定义有三点值得注意：第一，强调儿童文化的主体是儿童而非文化，儿童文化自然不包括成人为儿童创造的文化。这一认识较之“儿童创造的文化”更为细致，注重儿童文化的“儿童性”或“童性”。第二，强调儿童文化的共有性、共享性。在当代语境下，尽管文化产品在权属上或属于私产，但一个社会的整体文化绝不是私产，而是共享的。不能分享的文化，意义极其有限。儿童文化是儿童们所共同分享的，在这种文化中，儿童能够遇见其他儿童在特定情况下如何行动并做出何种反应，借此，儿童们能够相互交流、对话、理解。第三，认为儿童文化包括内隐的精神生活和外显的文化生活。它和某些将儿童文化同样划分为内隐和外显两个部分的分类不同，强调儿童精神世界的相对独立性而较有利于儿童问题的深入探索。③

钱雨认为，儿童文化特指儿童这一群体中普遍存在的特征与共性，研究对象是那些在儿童日常生活中反复出现的文化内容的结构。这些反复出现的结构在人类学研究中被称为文化中的“普同模式”。如果把儿童文化看成和成人文化相对应的概念，儿童文化则体现着儿童与成人之间非生理性的内在差别。总而言之，儿童文化是儿童这一群体特有的行为、观念、态度和思想方式的总和，是儿童群体特有的精神生活和物质生活的复杂的复合体，体现着儿童用自己的视角观察周围的世界的所见、所思、所感与所为。④

边霞认为，儿童文化就是指儿童特有和共有的思想方法、行为方式和心理特点、世界观等，它是儿童自己在其中决定其标准和价值的文化。⑤ 这里强调了儿童文化为儿童所特有，实质是凸显了儿童文化的独特性、特殊性。

谢毓洁认为，儿童文化包括“儿童创造的文化”和“关于儿童的、为儿童的文化”两大部分。所谓“儿童创造的文化”便是将儿童文化看作是作为能动者的儿童自

---

① 钱雨．儿童文化研究[D]．上海：华东师范大学，2008.

② 刘晓东．儿童文化与儿童教育[M]．北京：教育科学出版社，2006.

③ 郑素华．“儿童文化”新解[J]．浙江师范大学学报社会科学版，2015(2)：56-60.

④ 钱雨．儿童文化研究[D]．上海：华东师范大学，2008.

⑤ 边霞．儿童艺术与艺术教育[M]．南京：江苏教育出版社，2006.

身创造的结果，譬如一些儿童创作的涂鸦、发明的游戏、自发创作的童谣等，这种文化行为具有自为性、自觉性，突出了儿童的主体性；所谓“关于儿童的和为儿童的文化”，则是指由成人基于儿童需要为儿童创造和设计的种种文化，包括儿童文具、儿童文学、儿童玩具、儿童教育、儿童服饰、儿童艺术、儿童游艺、儿童心理等。这种文化行为是“他为的”，反映出成人社会养育儿童的责任。①

郑素华把自己和谢毓洁的研究结合起来，认为“儿童创造的文化”似乎更符合儿童文化的实际，而“为儿童的文化”则主要代表着成人所构设和预期的儿童文化，蕴含由成人判断的应然价值。然而，无论把儿童文化定位为“儿童创造的文化”还是“为儿童的文化”，均没有给出“文化”的具体含义。②

方卫平认为，儿童文化是指人类历史文化发展进程中，围绕儿童及其生存、教育、成长等所创造、积累和建构起来的精神生活和物质生活的总和。换句话说，儿童文化包括了儿童内隐的精神生活和外显的日常生活。③

近年来，郑素华着力于从文化哲学、文化功能主义、解释人类学的文化观的角度拓展对儿童文化的理解。④

卡西尔认为，人是文化的动物。人的突出特征，与众不同的标志是劳作。正是这种劳作，正是这种人类活动的体系，使我们洞见了语言、哲学、神话、建筑、雕塑、宗教、艺术、科学、历史等这些人类活动各自的基本机构，同时又使我们把这些活动理解为一个有机的整体。人怎样劳作，人的本质就是怎样，人的创造性如何，人性即如何。以上各种人类创造性活动，构成了一个有机的“符号的宇宙”——人类文化的世界。由此，郑素华认为，儿童文化与儿童的本性是统一的。儿童文化研究的核心，不是抽象的儿童文化，也不是抽象的儿童，而是要面对具体的儿童行为、活动、过程本身。儿童怎样劳作，儿童文化就是怎样的。作为儿童的“劳作”，儿童文化是儿童现实生成的，非成人给定的，具有儿童的特质。由此，郑素华认为：按文化哲学的“文化”之理解，儿童文化是儿童的第二天性。

人类学功能学派的创始人马凌诺斯基认为，文化根本上是一种“手段性的现实”，直接地或间接地为满足人类需要而存在。

受结构主义影响的人类学认为，文化是一种体系，深层含义是文化包含一种关系，具有相当程度的秩序性和有界性。

① 谢毓洁．晚清：儿童文化研究的新地带[J]．湖南城市学院学报，2007，28(4)：66-68.
② 郑素华．“儿童文化”新解[J]．浙江师范大学学报社会科学版，2015(2)：56-60.
③ 方卫平，刘宣文．2007中国儿童文化研究年度报告[M]．杭州：浙江少年儿童出版社，2008.
④ 谢毓洁．晚清：儿童文化研究的新地带[J]．湖南城市学院学报，2007，28(4)：56-60.

由此，郑素华根据文化哲学“文化与人性的统一”的观点、人类学功能学派“直接或间接地满足人类需要”、解释人类学的“文化乃意义之网”之理解，尝试把儿童文化理解为：儿童文化是现实地生成的、有序的儿童“生存—意义”体系。他认为，探析儿童文化，需要从儿童文化“局内人”的角度入手。

郑素华认为以上界定强调：第一，儿童文化不是预成的，而是现实性生成的。人的本质和一切文化都不是先验的，作为人的现实生活的过程、产物的文化，总是经验性的、现实性的、动态性的，儿童文化也是如此。它包含有儿童的意愿、情感、审美直至儿童的一切喜怒哀乐，是儿童“劳作”的田地，是儿童经验历程的呈现。以现实生成来规定儿童文化，可以体现文化耕耘、栽培的本意。第二，儿童文化不单是“物质、精神生活的总和”，更是有序的整体。儿童文化包括各种与儿童生活相关的现象。儿童实际与成人一样，其心智并非白板，他们有着对周围世界的有序追求和理解。在儿童的涂鸦中，儿童把他们对人的形象的认知，其中包含对方向、比例、上下、对称、重复等的理解，远远超乎成人的想象，它集知识理解、心理引导、社会联结等功能于一体，对儿童的身心发展有着至关重要的作用。第三，不局限于“关于儿童的、为儿童的文化”和“儿童创造的文化”的二分理解。从总体上看，儿童文化必须为儿童的生命延续和精神需要的满足做准备。第四，就主体性的层面而言，儿童文化是儿童编织的意义之网。儿童文化的符号、规范、准则、行为、价值、产物都相对于儿童才具有意义。这种意义是儿童与他人、社会互动，主体性地产生出来的。儿童不断地延续他们的文化，又通过积极参与成人文化，而可能带来社会整体文化的变革。毋庸置疑，意义是对主体而言的。这就要求在探析儿童文化的过程中，需要从儿童文化“局内人”的角度才能作出最接近儿童本意的解释，因为这是儿童的文化。成人对儿童文化的理解不过是一种“再阐释”而已。

基于以上分析，我们可以看出，对儿童文化的认识随着社会和人类本身的发展在不断丰富和完善，不再拘泥于物质和精神的划分，强调儿童文化的有序整体性、主体性和现实生成性，不断追求儿童文化的本质性特征。

基于以上分析，本研究认为，儿童文化一方面指儿童在成人帮助下能动地思考、生活、学习和游戏并实现自我的对象性活动及其方式和结果，另一方面指存在并引领前者内在的、一般的、稳定的形式结构（为儿童所共享的一整套观念和方式，如价值观念、思维方式和行为方式等），是引导儿童自我优化、自我完善和自我发展的能动性。

第二章　儿童文化建设研究的理论基础介绍

本研究的理论基础包括文化哲学、文化生态学、教育现象学等，下面一一介绍。

第一节　文化哲学

一、文化哲学的发展脉络

（一）背景

近代，工业文明的浪潮将人类带进一个全新的生存环境和氛围中。其间，人们崇拜物质的幸福价值观极度膨胀，社会不断出现重重危机和险象，促使人们对自己的文化进行深刻的反思，借以张扬人的崇高价值和内在本质。

具体来说，人类生存境遇的变化主要体现在以下几方面：

第一，随着工业文明的日益演进，人类生活在一个越来越“非自然”的文化世界中。按理说，文化和人的产生几乎是同步的，没有人就没有文化，同样，没有文化就没有人。也就是说，人早就生活在文化世界之中。但是近代工业前后，人所生活于其中的文化却有着质的区别。近代工业前，在物质生产不发达的传统社会，人的生活简单而质朴，和其他的动物几乎一样，对自然界很依赖；近代工业后，人类生活逐渐从对纯自然的直接依赖转变为对文化世界的依赖，人已经在自己的周围创造了被称为“文化”的第二自然。对此，德国的人本主义哲学家弗洛姆说，人已经从自然之“家”走到了文化之“家”。

第二，现代化进程中人的严重异化。劳动本是人的本质的对象化，但在人类现代化的进程中，人的劳动活动本身及其对象化结果却变成人的对立者、控制者，甚至奴役者，人类认识世界、改造世界的能力和水平越提升，异化就越严重。人被异化了，并为此而深感不安，对异化问题的思考便由此开始。18 世纪，法国伟大的启蒙思想家、哲学家卢梭首先开始批判异化；德国古典哲学时期，思想家们把异化问题上升到哲学高度；马克思则把异化问题进一步引向深入，将其与人类的物质生产劳动联系起来。此后，存在主义、现象学以及西方马克思主义等哲学思潮，都将异化问题当作关注和思考的中心问题。人们越来越认真地检讨和审视自己所创造的文化。

第三，全球化进程中民族文化的交往、冲突与融合。近代及以后的工业文明带给人类异化现实的同时，也猛烈冲击着世界各民族的封闭和隔离状态。民族是指在文化、语言、历史或宗教等方面与其他人群在客观上有所区分的一群人。因而，认识一个民族首先要研究和了解该民族的文化。随着民族交往的日益加深，民族之间的冲突也日益凸显，同时，融合也必须日渐进行，文化研究便成为正确处理民族之间关系、进行各民族国家之间友好交往的重要条件。

第四，现代化进程中落后民族的现代化任务艰巨。与西方资本主义国家不同，落后民族的现代化必然碰到两个根本性的文化矛盾：一是民族文化和西方文化的矛盾，二是传统文化与现代化的矛盾。这两个矛盾纠结在一起，成为始终困扰落后民族现代化进程的文化难题。在此过程中，文化理论、文化哲学研究的必要性越来越凸显。

总之，工业化以来，人类对“文化世界”依赖程度的日益加深，现代化进程中人的严重异化，全球化进程中民族文化交往、冲突与融合的日益加深，以及落后民族艰巨的现代化任务的完成，都表明文化哲学研究的任务迫在眉睫。

(二)文化哲学的产生和发展

文化哲学在把文化看成人类特有行为方式的基础上，从哲学视界出发，对文化做总体的根本的观念把握和建构，是透过文化现象对人的本质和主体性的根本理解和设计，是关于人的自我意识和自我创造的最高智慧。

在西方，“文化哲学”一词最早出现于德国哲学家文德尔班在1910年发表的《文化哲学与先验观念论》一文中。在中国，1931年胡适在《读梁漱溟先生的〈东西文化及其哲学〉》中，首次提出文化哲学这一概念。西方的文化哲学起源于历史哲学，从研究民族史开始，建立了与语言学、人类学、神话学、社会学等人文社会科学的联系。其先驱是18世纪意大利启蒙学者维柯和德国的赫尔德。维柯认为，历史发展是有规律的，而且这种规律是可以被人认识的。赫尔德继承并发展了维柯的思想，明确提出文化的进步乃是历史的规律，文化的发展是人类在前人的基础上不断再创造的过程。

19世纪中叶以后，文化哲学迅速发展，先后出现了进化论学派、功能主义学派、结构主义学派等，从不同层面对文化进行哲学反思。

西方文化哲学从启蒙时期就开始分化为自然主义和唯心主义两派。新康德学派出现以后，文化哲学产生了新方法，相继出现各种思想体系的文化哲学，如生命的文化哲学、历史的文化哲学、知识的文化哲学、逻辑主义的文化哲学、语言分析的文化哲学、变态心理的文化哲学和功能的文化哲学等。

进入20世纪，文化问题成为现代哲学研究的一个中心问题，以人类文明为研究对象的文化学理论丰富了文化哲学的思想。而后出现了两种文化哲学思潮：一是强调历史主义的科学主义文化哲学，代表者是波普尔、库恩等；二是延续生命哲学思潮的人文主义文化哲学，继承尼采、狄尔泰等人的思想，代表者如海德格尔、福柯等。20世纪上半叶，德国著名哲学家卡西尔虽然是新康德主义马堡学派的代表人物之一，但更多地受到了近代后期以来科学思想发展的影响。他要求把哲学研究从理性和科学的范围扩展到人类精神生活的一切领域，主张以功能性的概念取代实体性概念来作为哲学的出发点；以人的本性、本质及文化活动作为哲学研究的目标。他的《人论》①论述了如何发现人的活动本质，如何通过各种文化形式表达人的本质。他认为，要想发现人的真实含义，必须既关注形式也关注符号，必须了解语言、历史、艺术、科学等事件的符号，同时从这些符号出发，从符号功能和创造本性出发，解释人作为符号的创造者和符号之间的关系，人对文化的超越性以及文化对人的制约性，最终促成人的自我优化和解放，从而实现对文化哲学体系的系统阐述。

从20世纪60年代末70年代初开始，苏联哲学家力图把文化范畴纳入马克思主义哲学体系。20世纪80年代，他们进一步提出研究马克思主义哲学即实践哲学，认为其首要任务应揭示人是创造和拥有文化的主体，文化的价值在于促使人类的自由、解放和全面发展；应该从文化的创造者和需要者的角度阐明文化的意义和价值，而不应从旁观者的角度对文化进行描述和阐释。

我国学者力图从哲学角度阐明文化和人的发展等问题，积极探索和创建具有中国特色的现代文化哲学。文化强国建设是中华民族百余年来的愿望和不懈追求，是马克思文化哲学思想世界的本质表现形态。

二、文化哲学的理论体系

虽然文化哲学不同流派具有各自的理论假设，但是它们同以人的本性、本质

① （德）卡西尔．人论[M]．唐译，编译．长春：吉林出版集团有限责任公司，2014.

及文化活动作为哲学研究的目标，倡导对人的关怀以及对人的主体性、生成性的尊重，以达到人的自我优化、完善和解放。

1."对人本身的追问"

文化哲学的创始人，德国哲学家恩斯特·卡西尔认为："认识自我乃是哲学探究的最高目标——这看来是众所公认的。在各种不同哲学流派的一切争论中，这个目标始终未被改变和动摇过。这已被证明是阿基米德的观点，是一切思潮的牢固而不可动摇的中心。"德国思想家康德以其"纯粹理性批判"展开了哲学史上的"哥白尼革命"，从此确立了主体在世界中的地位，而且"人被宣称为应当是不断探究他自身的存在物——一个在他生存的每时每刻都必须审问和审视他的生存状态的存在物。人类生活的真正价值，恰恰就在于这种审视中，存在于这种对人类生活的批判态度中"。

2."人如何可能"

这个提问来自康德的后继者卡西尔。他认为"如果有什么关于人的本性或'本质'的定义的话，那么这种定义只能被理解为功能性的定义，而不能是一种实体性的定义"。这样对人性的关注就从"人是什么"转变成为"人是如何可能(人称之为人的条件)"。卡西尔强调，人运用"符号"通过"劳作"创造理想的世界，向着"可能"的世界前进，同时实现着人的自我解放。而文化就是具有生命的人类共同体的活生生的现实存在。人实质上就是"符号的动物"，也就是文化的动物。

3."人的文化可能性"

文化哲学"始终把文化与人的存在及发展这一终极问题联系起来"，以"人与人的世界的关系"为出发点，采取文化学、历史学等研究方法，在人—文化的系统中"探讨人之文化存在所面对的各种矛盾"，从而来把握"文化的发展与人的自由解放的关系"。在揭示了人与文化的整合和同一实质的同时，也以人的文化可能性问题来对人的存在与文化环境之间辩证关系进行综合概括。

(1)"文化的本质是人的自我生命存在及其活动，文化世界的本体就是人的自为的生命存在。"人作为文化的存在，要经过文化的学习和熏陶，在文化创造和认识的过程中，逐步实现。

(2)人不仅是文化的存在，而且是以文化创造者而存在的，文化就是人不断优化自己的生存条件的过程，人的存在与文化环境之间有着相互创造的双向性和辩证统一的关系性和过程性等。

4."对人的关注"

"对人的关注"成为文化哲学的归宿。人是哲学的出发点和归宿，人作为文化本体的生命存在是哲学关怀的焦点。海德格尔说过：“人的生命存在不是一种断面性的现实存在，而是一种有方向的矢量，所以文化不是一种可被静止的关照的静物画，而是一则有其指向、有其动态过程的生动故事，同时，人的生命存在是必然有其人称主词的存在，文化是永远处于人的自觉即自我意识的(自为的)过程之中的人建构自我的活动。”这就表明，不仅要用历史的眼光关照人的生命存在，而且，作为文化本质的人的现实的生命存在，是人的现实的自为性活动。不仅如此，人的自为生命过程是有目的的，这个目的是面向未来的文化目的，也就是在保存生命的存在状态下的条件下，对生命新的存在形式的不断创造，达到人的自我优化、自我完善与自我解放。

三、文化哲学研究的意义

文化哲学作为文化研究的最高层次，对于认识人的本质和主体性、了解和重建人的活动的合理性理念、整个文化研究的理论自觉等都具有极重要的意义和价值。

(一)文化哲学研究可以更深刻完整地揭示和把握人的本质和主体性

两千多年来，人为了认识自己曾采用过许多不同性质的方法和途径，如古代哲学中的形而上学方法、中世纪的宗教方法、近代的科学方法等。这些方法对于揭示人的本质具有重要作用。例如，形而上学方法有利于揭示人的内在心灵及其奥秘，宗教方法可以体验到人的非理性的领域，科学方法可以把握人的理性本质。然而这些方法都只分别看到了整体人的某一侧面，不能认识和把握整体的人。这些不同理论和方法之间是相互对立的，因而不能建立起统一的人的观念。而从文化视角研究人可以综合以往的理论，从而能够对人有一个整体的本质性的把握。

人是文化的存在，文化是人的本质的对象化，因此要认识人的内在本质就需要通过对对象化的文化的认识来实现。文化是人的一面镜子，从这面镜子中我们可以清晰地看到人的形象。如西方文艺复兴以来文化发展最突出的成果是科学、技术、工业、物质财富的大量涌流。那么，我们从中可以窥见，科技文化的发展反映着西方人的理性本质，工业和与此相关的物质财富的大量涌现则反映着近代西方人以感性幸福为追求目标的本质。文化不仅是人的镜子，而且是一面放大镜。文化反映着人的本质，同时也塑造着人的本质，因为一定时期的文化总是有侧重地选择并实现人的内在天性和潜能，而这被选择和实现了的人的内在天性和潜力就会得到塑造、提升、改变。在此意义上也可以说，通过文化可以更具体地把握人的内在本质。

文化哲学研究起着改变和更新人的观念的作用。文化的变革也有赖于人的根本观念的变更。

(二)文化哲学研究对于合理性观念的重建具有重要意义

人的行为和社会制度是否合理取决于其赖以建立的观念和理论是否合理。现代社会中人的行为方式和社会交往、制度发生了深刻的变化，因此以往的合理性理念也受到了巨大的冲击，可是人们对自己行为和社会制度合理性的内在要求却没有变。合理性要求似乎是人的一种永恒的天赋的内在倾向，假如人的活动失去了他所认同的合理性理念和依据，人就会即刻陷入迷惘和荒谬之中，生活似乎就失去了意义和秩序。因此，当旧的合理性理念失去对人的活动的支配性意义时就需要重建新的合理性理念。它是一套价值系统或信念系统，具有超越性和神圣性。文化哲学是对支配人自身活动的深层文化结构的反思、自觉和评价以及在此基础上对适应新的时代的文化及其价值观的理性建构。实质上，是更新传统的合理性理念，建构新的合理性理念。

在当代，重建合理性所面临的一个根本问题是“工具合理性”(标志是科学技术、生产工具和经济结构的发展)和“价值合理性”的冲突，两者未能协调共进，工具合理性违背了价值合理性，呈现出二律背反态势。这种冲突从实质上看，是现实关切和终极关切的冲突，是历史和伦理的冲突，是人的灵魂和肉体的冲突。从哲学自身看，是知识哲学和价值哲学的冲突，科学哲学和人本哲学的冲突。文化哲学的特征和使命就是扬弃上述冲突重建合理性理念。

(三)文化哲学研究将促进整个文化研究的自觉，并对各具体文化科学、人文学科和社会科学提供理论和方法论指导

长期以来，中西古今的问题一直是人们讨论的热点，但是都很难讨论清楚。例如，对于传统文化，怎样批判继承，批判是整体的还是要素的，“精华”和“糟粕”能否截然二分，以什么问题来批判继承等，这些问题我们都不太清楚。而百余年来对中西文化关系人们总是用体用、本末、道器、精神文明和物质文明概念来给予分判和处理，而没有思考这样处理的哲学依据是否可靠。文化讨论的历史和现状迫切要求文化研究要有理论自觉，要从文化哲学层面解决文化讨论中的深层重大问题。

文化哲学研究对于具体科学的发展将会起到推动和指导作用。社会文化的整体化、学科发展的综合化以及自然科学和人文学科的综合趋势，使得文化理论和方法在各具体科学研究中显得越来越重要。因此，现在不少学科已注意到同文化及其理论与方法的融合。

第二节　文化生态学

一、文化生态学的发展脉络

(一)背景

文化生态学是一门将生态学的理论方法和系统论的思想应用于文化学研究的新兴交叉学科，研究文化的生成和发展与环境的关系。20世纪50年代，美国文化人类学家斯图尔德在《文化变迁的理论》一书中最早提出“文化生态学”的概念，斯图尔德被公认为文化生态学理论的创始人。

文化生态学是生态学在完成了它的亲人文转变和文化学为了适应研究需要借鉴生态学方法的背景下产生的，它的产生反映了20世纪中期科学主义与人文主义由分立、对抗走向融合的趋势。

生态学自20世纪60年代诞生之日起，其研究重点逐步从以生物界为主体发展到以人类社会为主体，并引入系统论(系统、整体、动态、联系)概念，从主要考察自然生态系统过渡到主要考察人类生态系统，被广泛应用于人类社会科学各个领域，出现了生态美学、生态哲学、生态法学、生态伦理学、生态经济学、生态政治学、生态文艺学等系列生态人文科学学科。这些学科从不同的方向、角度对生态学进行了拓展，但它们的一个共同点是解决人与自然关系的紧张状态，达到人与自然的和谐共生。

文化生态学理论建构的基础，第一是基于对人类文化与自然环境关系的认识。人类与外部环境相适应与协调需要借助文化的力量，文化的性质和特征与人类的生态环境密切相关。不同种族、不同地域的文化现象、文化差异、文化模式、文化变迁，是人类为了适应自然条件、生产力发展水平等做出的抉择。第二是基于对文化概念的认识。在长期的文化研究中，人们对文化自身的认识逐渐清晰，不仅将文化看作人类创造的全部生活方式，而且将文化视为一个与自然环境有着密切联系而又相对独立的、域界辽阔、内容庞杂的系统，类似于自然界的生态系统，形成一种整体的、共生的、动态开放的、层次结构分明的、多样平衡的大文化观，正如美国文化人类学家怀特所说：“无论在什么地方，文化都绝非文化特质的单纯相加或简单汇聚，文化要素总是组成为系统。每种文化都有一定程度的一体化和统一性，它依赖于一定的基础，按照一定的原则或系统组织起来。”人类的文化系统与自然生态系统一样具有生态性，被称作文化生态系统，其中的每一种文化包括非物质文化都是一个动态的生命体，各种文化聚集在一起，形成各种不同的文化群落、文化圈甚至类似生物链的文化链。

要研究这样一个复杂的系统，文化生态学兴起之前的文化理论显得有些支撑乏力。生态学的人文转向特别是人类生态学研究的高涨，为人类文化研究提供了新的思路，人们参照自然生态、人类生态，借用“生态”来表示文化存在和发展的环境、秩序、状态等，形成文化生态的概念，目的是要表明文化现象也和自然现象相同，有自己生存和发展的环境、条件，有自身的内在秩序和规律。这样，生态学的理论和方法得以被文化研究借鉴，于是，兴起了文化生态学这一新兴交叉学科。

(二)文化生态学的产生和发展

1955年，美国文化人类学家斯图尔德，在《文化变迁的理论》一书中最早提出了“文化生态学”的概念。他认为文化生态学就是要研究环境对文化的影响，他指出：“具体的文化形式是对具体的生态环境适应的结果，各种文化只能根据它与‘小生境’的关系来评价，不存在什么统一的标准。文化之间的差异主要是由社会对某一特殊环境的适应过程引起的。越是简单的和早期的人类社会，受环境的影响越是直接。地形、动物群和植物的不同，会使人们使用不同的技术和构成不同的社会组织。”他认为特殊类型的生态决定了作为文化载体的人的特征。斯图尔德的分析模式是“环境—技术—行为方式—观念形态”，即环境影响技术，技术影响行为方式，行为方式影响观念形态。

以斯图尔德为代表的早期文化生态学所提倡的采用生态学的观点来观察人类文化的理论，是人类文化研究的新视角、新方法，在促进自然科学和社会科学在思想和方法上的融合方面有着积极意义。但是，早期文化生态学在理论上也有缺陷。比如，它的环境决定生产方式再决定行为方式和观念形态的理论，其本质就是文化与自然环境虽然是相互作用的，但是自然环境起着最终的作用，所以它未能充分考虑到人对环境的影响，而这些影响应被视为一个真正相互依存的自然—人类系统的组成部分。人类适应环境，但并非环境的奴隶。另外，在斯图尔德的学说中，文化与生态虽有联系，却被截然分开，属于不同的范围系统。也就是说，在斯图尔德看来，文化本身不具有生态，而仅仅是与生态有密切关系罢了。并且，早期文化生态学在研究文化的变迁过程时，侧重于利用文献、考古学著作或简单的口述历史等资源对文化历史进行研究，而对文化变迁后的现在和未来情况有所忽视。并且，由于文化生态学在形成时并没有一套正式的原理、理论或方法论，主要局限于在美国的人类学家中进行小范围的区域性研究，使文化生态学只是被看作人类学进化理论的一种。在大学的课堂上也只是被列为人类学的一个分支。所以，早期文化生态学的影响并不大，而且一再受到学术界的批评和指责。

20 世纪 80 年代以来，文化生态学理论不断发展，向一门独立的学科迈进，人们对文化生态学的理解与早期的文化生态学已有许多不同，主要表现在：第一，系统论思想在运用于人类生态学研究的基础上，又被纳入文化生态学的研究。人们逐渐认识到不仅自然界是一个有机的系统整体，人类文化也以系统的形式存在，自然生态系统和文化生态系统成为两个相对独立又相互联系的系统，系统论成为文化生态学的学科基础；第二，突破了早期文化生态学所说的环境仅指自然环境的局限，把环境的概念扩大为自然环境、社会环境及新兴的媒体环境，为文化的研究提供了更广阔的视角；第三，发展了的文化生态学不仅重视环境对文化的影响作用，也重视文化对环境的影响，从文化与环境的互动中研究文化；第四，文化生态的研究者从美国人类学家的狭小范围扩大到全世界和多学科领域，文化生态学从一种具体的文化研究理论向一门独立的学科转化。

2011 年，马菁在其《近十年来国内文化生态问题研究综述》①中认为，至今中国学者在文化生态学方面对其含义、特征、结构、功能、问题及保护与发展方面都有研究，不仅从学理上探讨了文化生态问题，深刻阐述了社会文明进步与文化生态的密切关系，而且探讨了文化生态建设的各种有效途径。认为国内对文化生态问题的研究还处在初级阶段，展望了进一步深化和拓展文化生态问题研究的前景：一是要对文化生态学的概念做出定位，突破传统文化生态学研究的局限性，不仅要探讨文化与外部环境之间的相互作用，更为重要的是研究文化内部各要素之间的关联，这是文化生态发展的内在根本依据。二是深化文化生态结构分析。不仅要从主导文化—精英文化—大众文化这个维度研究文化生态结构，还要从其他的重要文化结构形式出发分析，才能全面深入地认识文化生态的多样性的存在。三是拓展文化生态建设的途径。中国的学者对于如何构建文化生态的探讨刚刚起步，并且主要是从协调文化内部各要素之间的关系出发的，对文化生态这样一个有机的整体应当从更为系统的角度出发，增强和拓展从文化主体对生态文化建设的作用的角度来研究文化生态的建构；从飞速发展的信息技术的角度深入探讨文化生态建设；对文化生态建设具有重要意义的建设途径如制度文化建设、心理文化建设方面展开有效的研究。

① 马菁．近十年来国内文化生态问题研究综述[J]．湖南社会科学，2011(1)：26-31.

二、文化生态学的理论体系

文化生态学把系统论思想引入对文化的研究中，与传统的文化分析方法相比具有理论上和方法上的优势，主要表现在：

1. 整体观和共生观

文化生态学把复杂的人类文化看作一个系统，构成文化生态系统的各个文化因子共同组成一个相互联系不可分割的整体，这个整体及其中的每个因子都与系统外环境发生联系，每个文化因子与整体之间以及因子相互之间也有着纵横交错的联系，因此，每一个文化因子的生存、发展都不是孤立的，它与周围的生态系统、与它所在的系统以及与其他文化因子之间存在着相互依存、共同发展的密切联系，即文化的共生。如果把其中的某个因子从系统中分离出来，它就不能完全保持其在原来系统中的性质、特征和作用，会发生不同程度的变迁或变异。把一个本不属于这一系统的文化因子引入这一系统，会发生文化涵化(异质的文化接触引起原有文化模式的变化)或文化同化现象，破坏原本系统的平衡。

2. 多样平衡观

系统论认为，生态系统是由一定空间内生物和非生物组成的具有一定结构和功能的生态学单位。生态系统内部具有自我调节能力，调节能力的大小依赖于系统内部的生物多样性。结构越复杂、生物多样性越丰富，生态系统的自我调节能力越强。但是，生态系统的自我调节能力是有限度的，超过了某个限度，调节也就失去了作用。文化生态学认为文化生态系统有着与自然生态系统相同的特性。人类社会的正常发展也赖以多种文化、多种智慧的渗透。人类每一种文化都是经过几千年甚至上万年的形成和积累而发展起来的，他们的经验和智慧、他们的信息存储也是其他的文化所无法替代的。文化形态的多样化是文化生态系统生命力和活力的表现，不同形态的文化作为文化物种链上必要的一环，各有自己的位置，彼此关联，保持着文化生态的整体平衡。如果文化种类减少，不断灭绝，文化环境遭到破坏，人类的文化生态就会受到威胁。在现代文明迅速渗透全球的今天，以人为中心的观念正使得生物圈内的生物急剧递减，同样，以西方文化为中心的观念也正在使得文化圈内的文化种类急剧递减。同时也可以说，人类现代的物质文明是以生物的多样性减少为代价的，而人类现代的精神文明是以文化的多样性减少为代价的。我们现在感到自然生态被破坏，自然资源在减少，但同样我们将面临的还有一个文化生态被破坏和文化资源在减少的问题。文化多样性是人类与环境长期协同进化的结果，每种文化都具有独特的审美价值、精神价值、社会价值、历史价值、符号价值、准确性价值、潜在价值等多样性价值，属于不可再生性、稀缺性、不可替代性资源。

3. 动态开放观

文化生态学认为，文化生态系统与其环境之间存在着物质、能量和信息的交换，是一个开放系统。外部环境可以对系统产生影响，系统内部各个因子本身也有变异的可能，因而文化生态系统会因外部及内部的变化而处于不断的动态变化之中。因此，系统中的任何因子要达到与系统的协调平衡，必须顺势而为，通过自身的改变适应系统的变化。

4. 层次结构观

文化生态学认为，构成文化生态系统的各个因子具有无限可分性，即每个因子由它下一层次的因子构成，母系统下有子系统，子系统下还有更小的系统。任何系统不仅是一个独立的系统，而且往往是另一个系统的子系统，同时又可能是另外一个系统的母系统。这样，多层次的文化系统内部的各个因子就在层次间与层次内构成纵横交错的结构关系。这种结构关系决定了每个文化因子既是纵向传承的，又是横向传播的。

第三节　教育现象学

一、教育现象学的发展脉络

德国哲学家康德认为，现象是人通过感觉器官留下表象(向感官显现的部分)，形成经验材料，再透过先天的感性和知性形式(综合先天能力)加以整理，即由主体的认知能力对它赋予形式后形成现象。康德之后的黑格尔认为，现象是本质的外在显现。现象与本质是统一的，现象应反映本质。现象学就是透过精神的外在表现去认识精神自身的一种学问。胡塞尔把现象归结为意识，他的现象学是关于人们意识的学问。人们通过对这些现象的研究，解读事物的本质。也就是说，现象不是人们所说的客观事物，也不是客观存在的经验的事实，而是一种意识。客观事物和客观存在的经验的事实只有进入人的意识，呈现给意识，才能成为现象学研究的资料。海德格尔把现象定义为存在，他认为凡是如存在者就其本身所显现的那样展示存在者，都可以在形式上合理地称为“现象”。那么，合乎现象的展示方式的和可用这种方式解说的学问就被称为现象学。由此可见，现象学的现象不是一般意义上的现象。现象学的研究对象与生物学、动物学、社会学、神学等社会科学研究的研究对象不同。

(一)现象学产生的背景

现象学是教育现象学的哲学基础。因而，首先介绍现象学的产生背景。

1901 年，德国哲学家胡塞尔发表的《逻辑研究》标志着现象学的诞生。它是通过回到原始的意识现象，描述和分析观念(包括本质的观念、范畴)的构成过程，以此获得有关观念的规定性(意义)的实在性的明证，认为只有在这个基础上，才能辨明传统哲学中那些概念的真实意义，从而重新说明传统哲学中的问题，并深入开展各个理论领域研究的西方哲学流派和思潮之一。

现象学产生的背景主要有两方面：社会背景和知识背景。

1. 社会背景

首先，自然科学的繁荣具有遮蔽或淹没现象的倾向。19 世纪，自然科学支配着人类的生活，并成为衡量其他学科的标准。它被视为一种足以透视自然世界的知识装备，而且也被看作探讨宇宙间一切事物的唯一依靠，当然，同时被看作一种可以解释人文世界的知识武器。虽然 18 世纪末 19 世纪初的德国是纯思想的国度，但是随着黑格尔、歌德等哲学大师的逝世，德国开始受周边国家资本主义工业化快速发展的推动，自然科学进入德国并发展快速，大批德国精英开始致力于自然科学研究。到 19 世纪后半叶，自然科学在德国取得了显著的成绩，这与德国的学术传统和官方的重视不无联系。不过，正如胡塞尔认为的那样，这样的科学局限于纯粹的事实，不能也不愿意面对价值与意义的问题，所以造成了科学的危机和人类本身的危机。科学本身大声疾呼哲学，以使它能恢复与人所深切关注的事情的联系。

自然科学繁荣发展的同时，德国的哲学传统受到了严重威胁，哲学渐渐失去了对生活的统治性影响。实证科学和社会科学就哲学的生存权利同哲学发生了争论。知识的所有对象都被分配到自然科学的各个领域，没有留下任何东西供哲学作为研究对象。人们认为德国发生了哲学危机，一些知识分子开始试图挽救哲学。其中，一部分人赞同自然科学，力图以自然科学的标准重新建构哲学的体系，认为哲学只有按照自然科学的标准改造自身才有出路；另一部分人反对自然科学，尤其反对唯科学主义，力图扩大和加深直接经验的范围，重新恢复对现象的尊重，更充分、更真实地倾听对象。

2. 知识背景

现象学的产生有其社会背景，更有其知识背景，人类社会丰富的文化为现象学的产生奠定了理论基础。具体来讲，现象学产生的知识背景主要如下：

(1)现象学是自然科学思维和人文科学思维发展与成熟的表现。19 世纪末 20 世纪初，自然科学在人类生活中取得了辉煌成就，自然科学的理性观也成为一切知识的楷模，康德、笛卡尔等思想家更是将理性思维推向了极致。但人文科学思维的传统在人类社会发展过程中的影响从未中断过，在自然科学发展成熟之前更是在人类思维中占据着统治地位。可以说，自然科学思维与人文科学思维在 19 世纪末 20 世纪初都相对发展成熟。胡塞尔的现象学即从自然科学思维中吸收了精华，尽管他认识到自然科学思维的弊端并追求人文科学思维。

归根结底，胡塞尔对人文科学思维的认同远远超过了自然科学思维，他越来越重视主体层面的意向结构的分析。他尝试提出既能深入主体层面又能符合客体的两全其美的理论。虽然人们说胡塞尔的现象学还有很大的发展空间和发展可能性，但是在一定程度上得益于自然科学思维与人文科学思维的发展成熟。

(2)欧洲自古有研究“现象”的传统。“现象”一词在古希腊哲学中就曾出现。将现象当作研究对象，是西方哲学史的一个传统。在近代哲学中，最早于 1764 年使用“现象学”这个词的，是德国启蒙思想家拉姆贝特。黑格尔和康德都对现象学进行了研究。1870 年，黑格尔发表了《精神现象学》。他认为，意识在其发展或提高的过程中，使自身的现象与它的本质相一致。他紧随康德，对现象学做出了更多研究，并将现象学提高到一种产生持久影响的完美的哲学学科的地位。胡塞尔的现象学与黑格尔的现象学有一定的共通之处。虽然胡塞尔的现象学和已有的现象学有很大区别，但是欧洲对“现象”及“现象学”研究的传统对胡塞尔最终成为现象学的创始人是不可或缺的知识储备。

(3)布伦塔诺的部分理论是胡塞尔的思想直接的奠基者。胡塞尔的思想直接奠基于德国的哲学家和心理学家布伦塔诺的理论。胡塞尔学习了布伦塔诺的课程，这使他获得了一种信念：哲学也是一个严肃工作的领域，哲学也能够以最严格的科学的精神去研究，因此应该这样去研究。这种信念使他鼓起勇气选择哲学为终生的事业。但是胡塞尔并没有将“现象学”跟老师布伦塔诺联系在一起，布伦塔诺本人也仅仅在讲述描述心理学时将“现象学”作为一个可供选择的标题。虽然如此，布伦塔诺的哲学原理影响了胡塞尔，并渗透到胡塞尔及其后继者的现象学中。从老师布伦塔诺那里，胡塞尔了解到对精神活动的意向性进行总体分析的潜力。布伦塔诺的一些思想和理论为现象学提供了基础，这些思想或理论主要有对描述心理学的提倡、内知觉与内省、作为基本心理现象的意向性、作为伦理知识基础的自明性的类似物、对于时间的意识等。这些思想是现象学最直接的理论基础，对现象学的产生和发展至关重要。

由于以上背景，现象学在 20 世纪初产生，并受到了世界上各国学者的崇拜，掀起了影响深远的旺盛的现象学运动。

(二)教育现象学产生的背景

教育现象学是一门以现象学为哲学基础，以现象学方法为方法论，在教育生活世界中追寻教育意义的指向智慧的学问。

教育现象学在现象学运动的大背景下，产生于具有浓郁人文色彩的荷兰。

早在 19 世纪二三十年代，德国海德堡大学校长克里克就曾将现象学简单引入教育领域。克里克提倡教育科学，将教育学视为有关人存在的学问，反对规范的、评价的教育学观点，主张建立“自律的教育科学”“纯粹的教育科学”。显然，“纯粹的”一词借鉴了胡塞尔超验现象学的观点。克里克认为，以前的教育只着眼于关注教育过程中的事实，弄清教育是什么，至于为什么教和教什么，那是人们的自由选择。仅仅着眼于教育是什么，是远远不够的，纯粹的教育科学一定要弄清楚为什么教和教什么等问题，克里克认为这些问题的解决可以借用现象学本质分析的方法。克里克只是简单地在教育领域引入现象学，相关的资料比较少，也没有明确的教育现象学成果，此阶段只能是教育现象学产生前的准备阶段，教育现象学的产生不能以克里克为开端。

这一阶段被称为教育现象学的孕育时期，这时现象学在德国迅速发展至高潮，作为当时的一种流行学说，现象学肯定会对其他学科产生一定的影响。克里克的论述就是现象学观点影响到教育学的证明。克里克的观点虽然粗浅，但也是有价值的，标志着现象学影响教育学的开端。

教育现象学产生于荷兰，这不仅与荷兰浓郁的人文色彩有关，更与荷兰悠久的现象学研究传统有关。早在 1928 年，胡塞尔本人就在荷兰的阿姆斯特丹进行了演讲，现象学被介绍进荷兰，并逐渐形成了几个现象学研究中心，这些代表人物及研究中心的存在使现象学得以植根于荷兰并发展。很多学者投入现象学研究中，也形成了荷兰现象学研究的中心，为教育现象学的产生做好了理论铺垫和准备。

20 世纪 50 年代，荷兰的乌特勒支大学的一批学者开展了大量的教育现象学研究。这批学者以兰格维尔德为首，1944 年，兰格维尔德以《教育学的科学本性》奠定了其教育现象学创始人的地位，他还发表了一系列重要作品，阐明了教育现象学的思想，并进行了具体的教育现象学研究。后来，兰格威尔德的继承者比克曼极大地推动了教育现象学在乌特勒支大学的发展，并直接影响了他的学生，他们进行了教育现象学的系列研究，从而使教育现象学得到了发展和传播。

兰格威尔德将教育现象学的研究称为“家庭、厨房、街道”的研究，认为“家庭、厨房、街道”恰恰是实践的“真对象”，只有从“真对象”的实践中才可以探索出知识的奥秘、联系和最本质的东西。兰格威尔德最基本的教育理念在于提醒人们：“教育学是一门实践科学，其研究不仅是为了知道事情是怎样的，还为了了解近期或长期实践之内人们应该怎样做。”教育现象学者怀着这样的理念，关注家庭、厨房、街道等生活场所中所发生的事件，以期待通过自己的研究引起人们对其教育意义或价值的重视。

这一时期除了荷兰的教育现象学研究之外，博尔诺在德国也开展了一些教育现象学的研究。总的来说，教育现象学于20世纪50年代产生，但是，这一时期的教育现象学并不为大多数人所熟知和理解。

(三)教育现象学的发展

20世纪70年代，北美开始形成了现象学研究传统，教育现象学也得以极大发展。尤其是在奥克、范梅南、肯尼斯、卡森等人的领导和推动下，教育现象学更是得到了国际化的发展，被更多人关注和了解。其中，范梅南对教育现象学的国际化发展起到了重要的推动作用。

表面看来，教育现象学在加拿大的发展是由于当时形成的现象学研究传统的影响，但追根溯源，教育现象学在加拿大的发展离不开荷兰、德国教育现象学研究的影响。范梅南生于教育现象学的故乡荷兰，他曾经专门拜访兰格威尔德，并和他详细探讨了教育现象学的有关问题。在某种意义上可以说，范梅南与兰格维尔德有一定的师承关系，两者的思想有很大的一致性，前者应该受到了后者的影响。同时，范梅南也很注意从德国的相关研究中汲取营养。在众多的作品中，他发现了博尔诺的一些著作并将其翻译为英语，翻译的过程也是其思想受博尔诺观点影响的过程，这些作品或多或少对范梅南本人的研究产生了一定的影响。正是在这样一种传承和影响下，范梅南对教育现象学进行了系列研究，并于1983年首创了“现象学＋教育学”，不仅扩大了教育现象学的影响力，使教育现象学被更多的人认识和关注，也使加拿大阿尔伯塔大学成为新的教育现象学研究中心。范梅南的《教学机智》《生活体验研究》和《儿童的秘密》等作品被翻译成不同语言，传播到西班牙、日本、韩国、中国、新加坡等国家和地区。通过范梅南等人的努力，教育现象学得以大范围传播和发展，并逐渐在世界教育界产生了影响。因为教育现象学发展时间较短，目前人们对其并无统一看法，认识多元。虽然对教育现象学的主观认识可以各异，但是教育现象学的存在和发展却是不容忽视的事实，已有教育现象学作品可作为客观见证。

我国的教育现象学研究任重道远。十多年来，我国教育现象学研究尽管取得了比较显著的进展，但这种进展相对于其他一些应用成熟的方法来说还是微小的，充其量处于起步阶段。在取得的这些发展中，最明显的成绩是我国 2003 年及以后译介出版了加拿大教育现象学研究者范梅南的多本书籍；北京首都师范大学召开了教育现象学国际会议，邀请了范梅南以及来自荷兰、美国的专家与会，主题为“多元世界的教育学意义”；中央教育科学研究所挂牌成立了“中国教育现象学研究中心”等。

从总体来看，教育现象学在我国教育研究中影响还比较小，教育现象学本身也没有形成一套成熟的可供推广的模型。我国教育现象学研究还停留在推广鼓动、宣传理解的阶段，离广泛的实践应用、成功应用还有很长的路要走。

二、教育现象学的方法体系

本研究将借用教育现象学方法对儿童文化的存在和发展现状做描述、解释、分析和反思，因此着重介绍教育现象学的方法体系。

(一)悬置与还原

悬置是还原的前提，还原是悬置的目的。悬置是要将一切经验层面的存在因素与一切关于经验以外的存在体先验(先验：和“经验”相对，先于经验，但为构成经验所不可或缺)的假设，予以悬疑，即将传统的信念和理论、习惯的思想方法、偏见等悬而不论，在此基础上，回到事物本身。需要说明的是，悬置不是为了达至自然科学所提倡的价值中立、价值无关，而是为了回到事物本身。基于此，悬置并非仅仅在现象学研究的开端使用，而是与还原一起，贯穿于现象学研究的全过程。

还原的目的是通过研究者的悬置，直接与先验意识建立联系，恢复意识对外面世界开放性，将意识与人们所体验的世界再次建立直接和原始的联系，以事物本来的方式认识它，以建立纯粹、严格的科学。

1. 还原的进行过程

一般来说，研究者在开展还原之前，首先要进行现象学悬置，还原时就是用丰富、生动的文字记录描述认识现象所带来的每一个感觉。但记录描述现象的感觉以及后续的研究，各个现象学研究者有所不同，如在美国现象学研究者穆斯塔卡斯的研究中，经过悬置，然后通过提炼，以及从陈述中形成丰富的描述，把“个人、意识体验和现象”融合起来，从中得出体验的本质；在其他人的研究方法中，还原时要求研究参与者进行口头表述、录音以及其他的资料处理等。由此可以看出，现象学还原其实就是在研究者悬置自己的各种前见之后，通过语言将体验描述出来，并进行资料分析的过程。也就是说，现象学还原借用的工具是语言，通过语言或写作，研究者把人们生活中所认识的各种意义变成现象的文本“肖像图”。

在这一过程中，反思发挥着重要作用。反思的目的是引发现象学的“看”或理解。

2. 还原的类型

基于人们在现象学研究中采用的理解方式不同，范梅南由此区分了六种现象学还原的方式。它们包括启发式还原、解释学还原、现象学还原、本质还原、方法论还原、本体论还原。

在实际研究过程中，这些还原方法或多或少综合在一起使用。但为了阐述方便，以下将对它们逐一进行说明。

(1)启发式还原。这种还原的特点是把好奇作为重要手段，把好奇当作通向现象学“智慧、知识和理解”的途径。在这种还原中，研究者在好奇心理的驱动下，采用自愿的、完全陌生的态度，质疑和探究生活情景中非常熟悉的事物，进而发现体验中新的意义。因此在这种还原中，好奇是基本要素。胡塞尔的助手芬克认为，好奇是人们面对世界产生的。它能打碎我们面对日常生活的想当然的态度，让事物本身说话，让事物以它们自己的语言显现它们自身。在好奇心理的支配下，人们驱除每天占据其心灵的日常琐事，直接面对事物即各种稀奇古怪的现象并发现现象新的意义。好奇心理也激发研究者采用新的方式——以煽动读者采用好奇的心理阅读所研究主题的方式进行写作，这种还原的特点是把自然态度——悬置起来，以好奇心理面对感兴趣的现象。

(2)解释学还原。解释学还原是从问题的动机(心理的、政治的、意识形态的)和性质等角度对前理解、框架和偏见进行反思，不直接从现象本身探讨现象的意义(本质)，并在与现象的对话中保持真正的开放。在这种还原中，人们需要排除个人主观或私人的感情、爱好、倾向、期望等，防止这些感情、爱好、假设等导致研究者产生草率的、一厢情愿的、片面的理解，不利于获得所体验现象的意义。有可能的话，这种还原甚至要求研究者忘记自己的兴趣和前理解，对现象进行全面的开放。另外，这种还原也提示我们，人们要忘记自己所有的前理解实际上是不可能的。

解释学还原还包括在文本写作中进行反思性的考察和消除对反思性的“看”产生影响的各种前理解。但要达到这一点，即研究者要消除各种可能的影响，对现象取得某种纯粹的观点，纯粹地“看”现象，是很难实现的。尽管如此，解释学还原还是要求从意义的各个来源和各个层面，而不仅仅是意义的某一个方面，来研究某一个特殊体验的生活意义。现象学研究永远对受到质疑的假设和前理解开放。

这种方法的特点是，悬置所有的解释，并对写作研究文本中所需要的假设进行反思性的阐述。

(3)现象学还原。现象学还原的特点是要求人们在还原实在或非实在(把梦和幻觉的体验当作和真实世界中的体验一样是真实的)现象中，要避免使用各种抽象的、理论化的概括。实际上，研究者在开展研究中，也必须考察与这个论题有关的所有理论和知识，要考察理论是如何影响体验的。不少理论也包含了一些现象学材料，有的理论甚至是在现象学理解的直觉基础上建立起来的。现象学还原要求研究者抛弃掉覆盖在所研究现象之上的这些理论概念的修饰，因为这些东西会蒙蔽研究者以具体的形式来“看”现象。

悬置的最好方式不是简单地忽略它，而是考察它里面所隐含的现象学观点或理论，同时要考察这些理论是如何掩盖或隐藏为它们提供基础的事实。针对这些理论，研究者会问：这个问题是如何被体验的、有什么例子、现象学在解释这些问题时要永远指向开始，指向生活的体验。

这种还原的特点是，悬置所有的知识、理论、信仰，以便获得具体或活生生的体验。

(4)本质还原。首先要说明的是，现象学的本质不同于人们常言的本质。现象学本质指的不是现象中不可变动的、普遍的属性，相反，现象学研究仅仅关注于人可能的体验——不是普遍的、不分时空、文化、性别或环境的人所共有的体验，而是不确定的、尝试性的、不全面的、需要反复地回到研究的起点—生活体验探求的本质。本质还原是在现象学还原基础上展开的。它的目的是研究者借助于自由联想变化，来揭示某一个特殊现象的不变的或本质的内涵。

本质还原的一般步骤大致为：第一步，获取体验；第二步，清除体验中与所有现在的或历史的一切认识和观念的联系，只剩下纯粹的自我体验；第三步，把这种“体验”还原为一种不变的结构或纯粹的意识。

本质还原中很重要的一步就是要进行自由联想并变动。比如，在体验还原中，研究者要把所研究的现象与其他相似但又不同的现象比较进行，采用“想象变动”的还原技术取得该体验的(不是现象的)一般本质。比如，采用现象学方法探讨“职业”现象时，研究者会问职业的体验与工作或劳务的体验有什么不同、有种类不同的职业吗、这种体验的具体例子是什么等。借助于本质还原，人们可以提炼出属于某一个特殊体验的意义或主题。但这些主题不同于现有的理论、分类、风格、模式、哲学或概念框架。它不是抽象的理论或概念，相反，现象学研究提炼的主题是用来进行现象学写作的一些材料。

现象学的本质还原不同于概念分析。本质还原的目的是要获得这个现象的所有意义，反思体验“隐含的”的意义。在这种还原中，研究的问题是什么使得这个体验与那个相似的体验有明显的差别。本质还原会提出，这部分的文本能够反映这些体验吗、这些语句能引起人们前反思感觉的共鸣吗、所有生活意义能在描述中得到反映吗、它们能够使人们想起这些体验的一些独特之处吗等。由此可以看出，本质还原不是把世界简单地固定或缩减为一个概念。相反，按照现象学家的观点，本质还原会使得世界显现为认知前的样子，模棱两可、不可恢复、偶然、神秘、完全不可确定。

这种还原的特点是把所有偶然性的体验悬置起来，然后追问这个体验中有哪些方面是不变的。

(5)方法论还原。方法论还原要求研究者打破原有的方法论框架，运用适合研究对象的方法研究它。在这种还原中，研究者需要形成一种灵活的叙事方法来研究和再现所研究的现象，通过对意义的反思和前反思的融合，并以文本上可以“识别”、感觉上可以认识的形式表达现象学的意义。

这种还原的特点是，悬置各种现存的研究方法或技术，寻找与所研究现象学主题相适宜的方法。

(6)本体论还原。本体论还原包括悬置存在本身。用海德格尔的话来说，现象学问的是存在的存在问题。但从根本上来说，是人们悬置存在本身，以消除这个问题。在这种还原中，人们必须要问，其他的存在是什么？

这种还原的特点是，探讨对人的行动或社会政策能够提出什么好的建议。

(二)体验

现象学研究的材料来源于生活世界，因此，现象学研究需要通过访问、观察、语言分析、阅读小说、回忆录等方式，从生活世界的角落寻找材料，包括所有回忆录、反思、文学描述、访谈录音、访谈记录，这些资料都是生活体验的某种反映。但体验的描述不等同于生活体验本身，它是生活体验的某种转化。比如，利用磁带进行录音，这种录音就在捕捉生活世界的瞬间，也改变了生活世界本身。因为它在捕捉生活世界的瞬间，只是抓住了生活世界一个局部、一个片段，生活世界本身却被改变了，所以，真实的体验是不存在的。而生活意义如果没有这些容易逝去的一些要素，现象学也就没有存在的必要。现象学的目标是要找到深入到生活之中的路径。现象学研究的对象是他人的体验。研究者通过收集他人的体验，使自己的体验变得更加丰富。比如，研究者对某一个小孩、少年或成人的某一种特殊体验感兴趣，就可以在征得研究对象许可的情况下，让他们把这些体验描述出来，使研究者对这些意义有更彻底的理解。在研究技术上，现象学研究大都遵循传统的路径，如借助访谈、文字、参与性观察等方式展开，但现象学研究又有其自身的一些特点。比如，现象学研究者感兴趣的不是研究对象本身，而是研究对象的视角、观点等看待事物的方式，在于他们的体验。确切地说，现象学研究人员收集资料的目的是研究各种体验的例子，以便反思隐藏在其背后的意义。

1. 体验描述

体验描述是现象学研究的重要方面。这是因为个人体验是现象学研究的起点和依赖。现象学认为，了解个人生活体验将有助于研究者了解现象的结构。并且，人们对自己生活体验的认识比其他任何人都更加清楚深刻。在描述个人生活体验时，现象学要求研究对象尽可能用体验的语言进行描述，特别是要关注一些特殊的情景或事件的体验。法国知觉现象学的创始人庞蒂要求，人们要尽可能原原本本地描述体验，不要随意对体验进行解释或概括。在某种程度上，个人体验可以变成让现象学学家了解某种体验意义的一般体验。在现象学描述实践中，很多文本的作者使用“我”或“我们”的称谓，这样可以提高所表达意义的价值，因为写作者意识到自己的体验可能是他人的体验，以及他人的体验可能恰好是自己的体验。

2. 体验资料的收集

现象学研究的资料是人的体验，因此，体验资料的收集非常重要。现象学研究者在收集某一体验或现象的意义资料时，最直接的方式是要求研究对象写下他们的体验。在现象学的体验写作中，现象学家倡导遵循如下原则：

一是尽可能按照你经历事件的过程，原原本本地写下体验，避免对体验做随意的解释、概括或抽象。

二是从人的内部，比如心理状态、情感、情绪或心境等角度描述体验。

三是着重针对特殊例子或偶然事件描述体验特定的事件、冒险事件、偶然事件、特殊经历等。

四是设法针对某一个例子的体验进行描述，突出它的有效性。

五是关注身体的感受，事物的气味，人们的声音。

六是避免使用不恰当或过于华丽的词汇美化描述。

七是研究者要意识到，当要求他人写作生活体验时，所描述的体验是否准备按照你所描述的方式发生并不重要。现象学很少关注所发生事实细微的准确程度，而关注的是体验描述的合理性，即人们对它的感觉是不是对的。

3. 访谈体验

在现象学研究中，访谈在收集和探讨叙事材料、故事、逸闻的体验上发挥着极为重要的作用。访谈甚至可以看作人对现象取得丰富、深刻的理解的一条重要途径。在体验访谈中，访谈者一般需要接受现场访问的训练，特别对从事访谈工作不久的人员来说，在采用“无结构访谈或开放访谈”时，在现场确定访谈的主题，需要对访谈所要达到的目的进行缜密的思考。否则，这种开放式的访谈方法会导致访谈结果无效。恰当的做法是，研究者要根据研究问题决定所采用的方法。

在实际访谈中会产生很多问题。比如，一些访谈者对访谈的真正目的并不清楚，从而导致访谈结果不清晰明了。有的研究者在访谈时，提的问题过于冗长，而被访问者的回答很简短，或者是研究人员得到的是大量没有办法处理的磁带或手稿，或者访谈缺少具体的故事、逸闻、例子等。另外，访谈过程组织不好，也可能导致访谈失败。例如，研究者得到了很多访谈资料，多达几百页，结果没有办法分析，导致研究者要用哪些，不用哪些，很难决定。因此，为避免访谈在现场陷入混乱，或访谈的结果没有效果等问题的发生，在着手开展一项访谈之前，研究者首先要厘清自己的访谈问题，明确访谈的目的和思路，不要以为到任何一个地方都可以开展访谈。

4. 观察体验

观察或参与观察是一种间接地从他人处收集体验材料的方法。它一般用于对一些年龄偏小的儿童、精神残疾者、重病患者的体验研究，因为这些研究对象一般很难进行书面体验的描述写作。

在观察法中，参与观察是现象学研究的重要方法。参与观察的特点是研究者要进入研究对象的生活世界，并参与到其生活中。参与观察坚持着一种态度，即在保持解释的敏感性的同时，要与活动的情景尽可能保持紧密的联系。这些情景能使得人们不断地回顾和对这些情景的意义进行反思。在实际运用中，参与观察要求研究者既是一个参与者，又是一个观察者，使得研究者在保持反思的同时，避免被外部事物操纵或产生人为做作的现象。例如，要获得儿童的生活体验，就要和儿童一起游戏、交谈，参与儿童的涂彩、绘画活动，或进入他们的游戏空间，或参与他们所做的事情。在这一过程中，研究者既要注意他们的行为方式，又要与他们融为一体。参与观察提供了不同于个人描述或访谈中获取体验材料的方式。

5. 虚构体验

还有一些体验是在真实的生活中研究者难以体验到的，这时可以从文学作品，比如小说、短篇故事中获取，它们是这些体验材料的很好来源。比如，小说中常常讨论的爱、痛苦、生病、信仰、成功、害怕、死亡、希望、挣扎或迷失等主题都是鲜活的生活体验材料，可作为现象学研究的资料。不过作为现象学研究材料的小说的价值，会因作者的感觉和直觉的灵敏性不同而不同。读者会把日常生活体验自然地投射到小说中。当人们阅读小说时，受到小说故事情节的感染，就会“生活”在小说的情感和行为之中。人们也由此可以经历一些日常生活中不具有的生活情景、事件和情感。因此，一本好的小说，可以为人们提供一些独特的体验，获得对人类生活的某些方面更深层次的认识。这些都是人们虚构体验中常常见到的现实。

6. 想象体验

每一种艺术媒介(绘画、雕刻、音乐、电影等)都有它自己的“语言”。艺术的对象包括视觉、触觉、听觉、动觉。很多艺术家就根据他们的生活体验塑造艺术作品，因此艺术作品在某种程度上是通过生活体验的想象和升华实现的。

(三)反思

现象学在寻找意义的过程中，需要开展反思。反思是现象学研究的重要环节，反思的目的在于解释与这个现象有关的意义。反思的问题包括这种生活体验在多大程度上与背景时间、空间、人物、感情有关，在多大程度上与先前的理论知识有关，在多大程度上与个人的价值观和信念有关。

1. 现象学反思的含义

现象学反思主要是对事物是什么进行思考，思考的材料主要是前反思的体验描述材料。它的目的是抓住现象的意义。现象学反思与前反思对现象意义的理解不同。

现象学反思是一项既容易又困难的工作。说它容易是因为理解人类体验的意义是人在日常生活中常有的事。比如，人们某次在大街上看到有人乞讨时，他不会说仅仅看到一个人在乞讨，而在于他通过反思后得出，他看到了一个与靠自己劳动而生活的人不一样的人，是靠乞讨而生活的人。说它难是因为要反思清楚并不容易，比如对“什么是乞讨”进行反思就比较困难。又比如对时间的反思，尽管时间是人们日常生活中非常平常的一个概念。人们根据时间调整生活节奏，依时间把一天分成早、中、晚，或者干脆把时间“戴在手腕上”。人们在时间上反思过去，憧憬未来，甚至随意地讨论时间的流逝，有时说它太快，有时说它太慢。然而，如果要深入追问“时间是什么”时，人们对它的描述就显得捉襟见肘。这也表明，前反思对意义的理解与现象学自我反思对生活意义的理解是有差别的。要从现象学的角度，理解乞讨、时间的意义是一项困难、费力的工作，它包括反思性的欣赏、阐明生活体验各个方面。

2. 反思的途径

现象学的反思主要通过下列途径展开。

(1)主题反思。首先，主题反思不同于主题分析。主题分析一般被看作对文本记录中反复出现的重要词汇进行的机械分析，它借助计算机程序就能完成。主题反思则不同，它是分析一个现象生活体验的主题意义，是一个复杂的、富有创造性的活动。其次，主题反思获得的主题意义是通过研究者自由地“看”和发现得来的，它不是一个机械的过程，不是依据规则操作而实现的。再次，体验的主题意义是由研究者建构的，它折射出人们理解生活的方式——人的语言、历史和文化背景。这也就是为什么说现象学的意义不仅是被发现的，也是人们自我揭示的，不仅由人建构，也建构了人本身。最后，从根本上说，现象学主题就像是人的体验网络中的一个个节点。围绕着这些节点，很多生活体验被编织成一个大的网络。借助于这些主题的位置，人们能够在这个意义网络中航行和探索。一般来说，研究者对一个文本的主题的分析可以采用宏观和微观研究。

1)宏观主题反思。宏观主题反思就是把文本作为一个整体来把握它的基本意义。比如，研究者在读完一篇文本后问：“这个文本是如何来表述它所研究现象的意义的?”“可不可以用更简洁的语言概括这个文本的基本意义或总的意义?”这就是宏观主题的反思，它是一个解释的过程。不同的读者也许可以从中说出或看出不同的主题意义，但没有任何人的解释永远比其他人的解释“更正确”。现实的情况往往是，有的研究者在这点上可能是错误的，或者他在这点上看到的意义比别人特别一些。

2)微观主题反思。微观主题反思分为两种：重点法和逐行法。

在重点法中，研究者问的问题是：有没有一些表述得更精彩的段落？能不能挑选出一些精彩的句子来表达所研究对象的主题？在查找精彩的段落或句子的基础上，研究者归纳出体验的主题。

在逐行法中，研究者首先要仔细阅读每一个句子或句群，然后问这个句子或句群对这个现象要揭示的意义是什么。

(2)语言反思。语言反思是从现象学文本的语言及其起源反思意义，这是因为语言本身是对现象的表述。生活中的语言如谚语、习语、格言、引语等，本身就来自现象，产生于生活世界之中。因此，日常语言在某种程度上蕴含着丰富的生活体验，是一个巨大的生活体验储备器。但问题是，这些蕴藏着丰富的体验感觉的语言因时间的久远而变得陈旧，有的与原始体验已没有直接的联系，需要研究者展开深入的探讨。

1)词源学的反思。对研究者来说，阻碍他们理解现象的第一个因素，就是用来指称现象的词汇。由于词汇是生活中产生的，生活变动，反映它内涵的词汇也发生变化，即使有的词汇仍在沿用，但它的内涵已经今非昔比，发生了很大的变化，失去了它们最初的含义。有些过去能够生动地折现生活意义和反映活生生世界的很多词汇，在时间的流逝中，已经变得空洞，失去了原有的感染力。法国的古斯多夫曾举例说，“caring”一词，被应用于社会工作、医疗、法律、教育和咨询等行业，与 medicare，day-care，health-care，afterschool-care 等类似，有寄希望遇到一个医生医治他们身体之意，但它最初含义是“焦虑”(worry)。要恢复 caring 的本初含义，不是一个简单的词汇使用词源分析或解释便能清楚的事情，而是一个重构生活方式的过程。

2)概念分析反思。概念分析是把一个复杂的概念或语言分解为最基本的语义成分的过程。概念分析的假设是，概念的意义与它的用途有关。比如，在比较“职业”和“工作”两个词汇的差别时，概念分析者会问：在什么情景下，职业会被用于日常生活；在什么情境中，工作会被用于日常生活；在哪些情境中，这两个词汇可以交叉使用。由此可见，概念分析对概念基本意义的把握，是通过研究词汇在不同情景和不同生活领域中的应用展开的。

概念分析是现象学研究的一个非常有用的工具，因为概念本身是人类理解世界的方式。以上文中职业和工作两个概念为例，人们可以从单纯为谋生还是谋生和未来发展兼具对它们进行区分。每个人最初涉足社会都是从找工作开始，如果是单纯为解决生存问题，就只是劳动。生存问题解决后，就要考虑未来的发展，这时工作或职业更注重的是发展和是否能够为未来做更多准备。这个阶段需要解决的是人自身更高层次的需求，比如他尊，是一定程度上的社会认可和自我价值的实现。在这个过程中，职业人需要考虑的是职业是否符合自己的个人需求。在寻找工作时，他不会计较太多，只要适合他的就会去干，他首先考虑的是长期职业发展，然后再去考虑所思所得。

3)解释性访谈反思。解释性访谈的特点是围绕已有访谈记录展开，目的是加深人们对意义和体验的理解和阐释。在解释性访谈反思中，研究者扮演着重要的角色。首先，研究者要确定访谈的主题，为随后访谈反思确定对象。在访谈过程中，访谈者和访谈对象都要按照最初确定的现象学问题，设法解释这些基本主题的意义。访谈主题确定得合适与否，研究者可以在随后的访谈中提出“这就是体验的本来面目吗”进行检验。其次，研究者要让会谈双方事先都对所研究的问题有深入了解。再次，研究者要营造有助于双方开展启发性会谈的情景，引导访谈对象反思他们的体验，深刻理解这些体验更深层次的意义，主题研究者还要使现象的意义变得更开放，让自己和访谈对象都关注所讨论现象的本质，使研究的问题能够不断地被追问下去。总之，用伽达默尔的话来说就是，解释性访谈是一种思维的艺术。在开展解释性访谈反思中，研究者可以通过选择访谈对象，安排系列的访谈，来对已有的访谈记录文本进行反思，以获得更多更深刻的理解。

4)评论性反思。评论性反思是研究者在仔细阅读相关文献之后，寻找有助于更深刻认识所研究现象意义的活动。评论性反思往往是人们遇到了难题时引发的。评论性反思的特点是，它对文本进行批判性、创造性的解读。

5)比较性反思。比较性反思的特点是，它从其他现象学研究的作品中寻找意义，使人们能更深刻地反思他们解释生活体验时所采用的方式，看到自身的缺陷，进而弥补别人在意义解释上的不足。也就是说，采用这种反思方式，研究人员可以从其他研究者的现象学主题中受益，从他人研究中吸取一些看待现象的新方法，或理解一些自己至今也没有深刻思考过的新意义。比较性反思存在的问题是研究者应该在他们研究的初始阶段，还是在最后阶段采用这种反思方式。如果研究者在研究的初始阶段就考察已有的现象学文本，那么其带来的一个结果是，他也许很难抵制他人对这个现象所进行的解释性理解。对此，有人认为，合理的做法是，在初始阶段，研究者要依赖自身理解现象学含义。但是，这样做的话，研究者必须把自己的观点与传统的观点进行比较，然后才能知道哪些意义是至今没有形成或没有受到怀疑的。

6)启发性反思。启发性反思是一种顿悟式的反思。它带给人的感觉是“哦，我现在明白了”。这种反思激发研究者对所研究现象提出更富有创造性的洞见和理解。

7)存在主义反思。存在主义反思主要是对人作为主体而存在的反思。存在主义与现象学有不同点也有相同点。存在主义是主观的，现象学是客观的，但两者都认为知识由自我产生。存在主义反思的特点是对人、对世界上的存在进行反思，因为人的不同生存方式决定了人不同的生活世界。比如，儿童有儿童的生活世界，成人有成人的生活世界。老年人、病人、男人、女人、研究人员等也都有不同的生活世界，甚至每个人在同一天的不同时刻，也可以看作人处于不同的生活世界，如工作时有工作生活世界，在家里有家庭生活世界。这又包括：

①对身体反思。对身体的反思可以展示研究对象的内在体验。因为人的身体在别人面前，会有意识无意识地显现自身的一些东西，也会有意识或无意识地隐藏一些东西。比如，在批评的眼光下，身体会变得笨拙，行动变得不灵巧。相反，

在赞许的眼光下，身体会变得优美，能力表现得更强。因此，从人的身体反应中，可以窥探人内心的体验，探究现象中“我”的本质。正因如此，对人身体的反思被作为探讨现象学意义的来源之一。

②对时间反思。对时间进行反思主要是对生活时间进行反思，而不是对客观时间进行反思。生活时间是人的主观时间，不是时钟时间或客观时间。比如，愉悦时感到时间过得很快，无聊时感到时间过得很慢。由此可见，生活时间是人的存在在时间上的一种反映。例如，人年轻，他们会盼望未来；人年长了，他们爱回忆过去。现象学就是通过人对生活时间体验的反思，从侧面了解和把握研究对象在现象中的体验。

③对生活空间反思。对生活空间的反思是对处于一定时空下的人的体验的一种思考。人是时空的产物，人们所处的空间会影响他们的感觉方式。比如，站在一座摩天大楼前，人们也许会感觉到自身的渺小；身处一片开阔地，人们会感到无所遮蔽、自由、洒脱；但如果身处拥挤的电梯，人的感觉可能会相反。人们步入教堂会为其中的静默所震撼。独自一人走在陌生而繁忙的城市中，人们会感到失落、陌生、脆弱，也可能感到兴奋和刺激。这些都说明，人是所在生活空间的一个部分。但对这种生活空间人们一般不会进行反思。人们在思考空间时，常常想到的是物理空间，如长、宽、高；城市之间的距离是多少，需要多久车程；居住房子的空间等。如果要求他们把生活空间表达出来，他们就会感到困难，因为生活空间的体验是前语言的。与空间有关的还有文化和社会传统，它们也会影响人们的空间体验。比如，在一定的文化空间中，人们会感到舒服或有一种亲切感。

④对人与人们关系反思。对人与人之间的关系进行反思，是因为人总是生活在一定的关系之中。人们碰面时，握手、拥抱就能充分地表达出人们之间的关系。即使有时人们不通过直接的接触方式，而通过间接的方式如信函、电话、书籍等互相接触，他们也能建立起相互的关系。亲子关系与师生关系一样被视为一种特殊的与他人生存的关系，正是在这个意义上，它是高度个人化的，受到人际关系意义的制约。因此，反思人们之间的关系是考察现象学意义的角度之一。

8)集体反思。集体反思采用研究小组的方式进行。集体反思的优势是，研究者可以通过建立研究小组，然后征求群体的意见，获得体验更深入的洞见和理解。集体反思先由参与者阅读一次或二次、三次、四次现象学文本，然后其他的研究者互相交流文本，反思文本中与他们产生共鸣的观点。研究者在这一过程中可以默默审阅文本，也可以大声朗读文本，以增强对它的语感。

在集体反思中，建立研究小组或讨论小组只是集体反思中的一种正式方式。

集体反思也可以采用一些非正式的方式，如与自己的同事、朋友、评价者讨论交流对文本的看法。但不管是采用正式的还是非正式的方式，研究者在与他人谈话中所寻求的都是人们所研究现象的意义。

（四）现象学研究的意义来源

现象学研究的目的是寻找意义，这种意义的寻找要依赖于各种各样的线索，包括文学作品、美学作品、语言、艺术等。

1. 文学和美学作品

文学、诗歌、艺术作品是现象学的意义来源，因为它们来源于生活，是生活的直接反映。它们是对人的生活体验，对人的行为、意图很有感染力的描述。正是这一原因，荷兰现象学心理学家拜腾狄克指出，人们能够从陀思妥耶夫斯基等伟大小说家的作品里获得比在心理社会科学的书籍和杂志所刊载的一般理论中，更多的现象学洞察力、更多的心理体验。但是小说家、诗人、艺术家虚构、诗歌化、塑造等在反映人的日常生活体验时进行了很多的形式转化，因此需要研究者从中发掘意义。现象学在叙事的情景上与小说、故事有相同的追求，但现象学在叙事起点上有不同的定位，追求不同的目的。现象学要把一切显现出来，寻求生活或故事的意义，而文学和诗歌保留了它们意义的模糊性和特殊性。

2. 社会科学文献

社会科学是现象学意义和洞察力的一个来源，因为所有的社会科学都在生活世界中寻找它们的起点。所有社会科学理论都能在日常体验的世界中发现它们的动力。因此，现象学能在社会科学文献中寻找它们的意义来源。

3. 语言

语言是意义的来源。比如，在“秘密”的现象学研究中，人们可以在语言中找到很多意义来源。首先，“秘密”这一术语来源于 secrets，它的意思是分开，放在一边。也就是说，向别人保守一个秘密的时候，人们就体验了某种紧张关系的分开，在某种程度上，人们把自己从参与关系中分开。其次，“秘密”这一术语还让人们意识到了人与人之间关系的意义。秘密，总的来说是一种关系的表达，是关于人际关系的说明，也是人对自己与外在世界关系的说明。

(1)隐喻。尼采认为，所有的语言，在起初基本上都是隐喻的，都来自一些带有隐喻的图像。正因为这一原因，隐喻中蕴含着丰富的现象学观点，是分析现象学文本意义的一个重要来源。隐喻的特点是形象、直接、素朴地描述对象。因此借助隐喻，人们能更生动、形象地将人的体验展现出来。正是这一特点，在现象学文本写作中，一些现象学家鼓励应用隐喻来表述内心的体验。

(2)言语。谚语、格言、措辞、成语等是现象学意义的有效来源。这些语言大都是生活的积淀，是现实生活的真实、生动的反映。但在言语中，口头语言简短、生动，比书面语言更具有沟通性、表现力。书面语言因其抽象性、概括性，在历史发展演变过程中，会失去其意义生动、鲜活的一面，有时甚至变得模糊、笼统、不够明确。

另外，语言包含很多方言和警句，也能不经意地显示或泄露体验真实的一面。

(3)语言演变。语言演变为现象学意义理解提供了来源。研究语言演变的来源，有助于人们研究现象之间的联系。比如，它的语义是什么，它们之间的关系是什么。

(4)历史背景。人的现象总是发生在一定的历史背景下，因此，历史是现象学意义研究的一个来源。研究者可以从一定的历史背景研究现象，获得看待该现象的独特视角。研究者还可以通过历史了解到某一现象在意义上的演变过程。比如，社会规则的体验在时间的长河中发生了很大的变化，而这些规则是人们看待自己的产物，由此可以考察人的制度变化。另外，不同的场合，人们也许会做适合不同社会规则的行为。比如，在公共场合，人们的行为方式与在家里的行为方式有很大的不同。这也是公共场合和私人场合在意义上的差异。

(5)现象学文献。哲学和现象学的大量文献是获得意义的重要来源，现象学文献也是最有用的意义来源。比如，海德格尔等现象学家所开展的技术哲学文献，是对计算机应用的某一个方面开展现象学研究的一个很好的意义来源。另外，美国当代现象学家德雷福斯对计算机的人工智能的研究文献也可以作为它的一个很好的意义来源。

(6)生活体验。前反思体验是生活意义用之不竭的来源。如在研究个人秘密时，人的生活中就有很多的现象学事例。现象学研究存在的问题在于研究者不深入探究意义的来源，仅仅关注如何获得意义。而要获得意义，在于现象学所研究的问题，在于关注具体的事例，在于对前反思记忆的利用。人们对现象学所研究的问题领会得越透彻，就越能感觉到现象学的例子和观点就呈现在自己的面前。

(7)文化背景。文化是现象学研究的一个意义来源，因为人总是在文化背景中解释他所获得的意义。人们认识到，不同的人的日常生活体验因文化不同而有很大差异。因此，现象学研究需要关注生活意义的文化背景。另外，文化本身是生活意义的重要来源。比如，人们需要什么程度的隐私，这个问题也因文化的不同而不同。

(五)现象学研究的写作

现象学研究在实践上表现为一种写作活动。例如，海德格尔、庞蒂、萨特、列维纳斯等现象学家也是杰出的作家。对这些现象学家来说，研究和反思、阅读和写作等已融合在一起。

1. 现象学写作的含义

现象学研究的一个重要挑战在于写作一份文本。写作是现象学研究的重要组成部分，现象学研究借助于写作展示体验的意义。作为一名现象学研究者，他必须使自己成为一名好的写作者，那么，到底什么是现象学写作？现象学写作对写作者有什么具体要求？

什么是现象学写作？目前对此似乎没有一致的、确定的看法。比如，研究者对于什么时候才算是现象学写作的开始至今没有一致的看法。有的人认为，拿笔书写的瞬间才算写作开始，但有的研究者认为，现象学写作不能限制于拿笔写到纸上或用手敲到键盘的那一刻，研究者在进入文本空间的那一刻，或者生活体验进入研究者意识的瞬间，就应该说写作开始了。起初是思想，随后才落笔在纸上。当然，这一过程也伴随着悬置等活动。这样看来，现象学写作不仅是拿笔写作的片刻，也包含研究者阅读文本、分析意义、追寻意义的时刻。

目前对于“什么是现象学写作”比较一致的看法是，它应经历一系列过程，如悬置、体验还原，以及其他一些更加复杂的过程等。在开展现象学写作的过程中，研究者要与生活世界接触，研究观点的取得依赖于词汇和短语的表述，依赖于语言表述的风格和传统，依赖于语言的比喻和修辞，依赖于论证和想象等。

从上面的表述可以看出，现象学写作不是一个轻松的过程。不过，要成为一名好的现象学写作者，很重要的是，他必须善于进入他要提取意义的文本空间，有较强的感性体验能力，善于抓住该文本所描述的主题。这也是对现象学研究者素质的要求。

2. 现象学写作的基本观点

(1)写作的内容是体验，而不是表达或解释自己的观点。现象学研究关注人的体验，它强调人的前反思的体验，因此，现象学写作的内容不能是对体验的解释，或表达自己的观点。现象学写作要达到的是人的感觉是什么样，而不是为什么或怎么会这样。所以有人指出，现象学写作不在乎描述的对与错，而在于体验的真实。现象学借助于这种真实的、鲜活的体验，从中“窥探”现象的本质。

(2)没有任何一份现象学文本是无可挑剔的。现象学研究者大都认可，在现象学写作中，任何一份文本都不能说是十全十美的，任何一个解释也不能说是全面的，任何一个意义的解释都不能说是最终的，任何一个观点都不能说是毫无争议的。研究者能做的就是尽可能审慎地关注于体验世界中的所有方式，以及人类无穷多的各种可能的体验和对这些体验无穷多的解释。很多研究者还认可，现象学写作不是仅仅把内在的知识加以外化，不是仅仅写个结论，不是合成一份最终的研究报告，不是在现象学研究结束时自然就会出现的东西等。

(3)写作是获得他人体验、捕捉体验的一个途径。现象学研究主张，写作是研究的组成部分，研究者在写作过程中能唤醒、激发他对现象的体验。

3. 现象学写作的环节

(1)寻求意义。现象学写作是要以文字的形式描绘在前反思体验中所感受到的各种意义。“现象学研究者是一个意义的寻求者”，因此，意义是现象学研究的追求和归宿。在现象学写作中，写作的成功与否，在某种程度上，其衡量的标准就是研究者或写作者对意义的把握或发掘的程度。因此，现象学写作涉及的不仅仅是写作的技巧，更重要的是研究者对意义的感悟。在现象学意义的追寻中，研究者对所研究现象要有好奇心，这是现象学研究的一个基本条件。柏拉图和亚里士多德说过，“所有哲学思想始于好奇”“知识源于好奇”。现象学研究同样如此，也需要好奇心理的驱动。好奇是现象学研究的起点。现象学文本往往也是一个引起人们好奇的问题。

(2)进入意义空间。就像写作需要在一定的场所进行一样，在现象学写作中，写作者需要进入词汇的空间。当研究者在进入词汇空间寻找意义的过程时，现象学写作就已经开始了。写作者需要在这个词汇空间中不断地审视自己内在的我和外在的我。在这两者之中，研究者发现、比较和查询体验的意义。

(3)转换。现象学写作者在表达现象的意义时，往往需要借助某种艺术的形式，这个把自身的感受通过艺术的形式进行加工表达的过程就是转换。在转换中，研究者把直接看到的存在的事物转换到看不到的真实情景中去，或者把研究对象的体验，整合转变成为自己的体验。

(4)体验描绘。在某种程度上，现象学研究者和艺术家或画家是相同的，即他们都在描绘世界。不同的是，艺术家通过色彩、线条等方式表现世界，现象学研究者用语言和词汇描绘“现象”。正因为这个原因，现象学研究者的工作与作家、艺术家的工作被庞蒂等同起来，认为它们都受相同的关心和好奇所激发，有同样的需要、同样的意志和愿望要抓住世界的意义。但是，用语言描绘世界是通过用它替代具体事物来完成的。比如，某人起了一个姓名，有了这个“姓名”后这个具体的人消失了，却在词汇中复活了，词汇代替了要描绘或指向的事物。在这一过程中，词不是具体的事物，但词让没有具体存在的东西如体验或意义作为某种具体的事物显现出来。更确切地说，词汇让它所代表的事物在当下而不在眼前的情况显现出来，或显现一些当下不存在的事物。这也意味着，有了词汇或语言，生活世界将永远不会以它原初的形式展示出来。而且，书面语言没有口头语言的穿透力、直接性、透彻性和日常流通性，在反映外部世界上，往往“词不达意”。正因为如此，一些哲学家指出，人们在书面语言所代表的意义上都可以打上一个问号。这也限制了语言对体验意义的表达。

(5)看。看是现象学研究的重要环节。现象学研究只有获得某种“看”的新视角，才能发现、揭示体验中新的意义。在这个过程中，研究者对体验强烈的了解、求知的欲望，对激发其获取新的“看”的视角具有重要作用。

(6)受到感动。受到感动即文本要能够感动人。现象学文本的力量来自人们在阅读和理解文本时能引起某些共鸣，包括那些前言语和前认知的、很难进入人们概念和理性思想中的事物。现象学强调，它不为读者提供结论性的意见或确定的思想、观点、本质。相反，它的作用是暗示、引导读者到现象存在的生活体验领域，让读者感动和震撼于文本中的生活体验。正是这个原因，现象学强调，文本一定要能感动自己，煽动别人，只有这样，他的研究才可能取得好的效果。当然，不否认存在这样一个事实，即读者只是被表面的、粗浅的情感暗示所感动、引起共鸣，而没有被内在的文本内涵所感动。这是现象学研究要避免的。出于这个原因，现象学强调研究者在文本写作完毕后，要反复阅读文本，考察它的感人效果。美国人文批评家、哲学家乔治·斯坦纳指出，优秀的现象学文本写作者一定是自己文本的第一个读者。因此，现象学研究者是一个能用写作“真正”表达被某事物感动的体验的人。要达到这一目标，语言的作用是巨大的，尽管现象学研究者一再强调，现象学研究中，意义的发掘是第一位的，语言的技巧是第二位的。但是意义的实现需要语言支持，因此现象学写作中语言的技巧不能被忽视。最简单的一点是，现象学研究文本令人感动的效果需要通过创造性地运用语言来实现，通过语言塑造人、教育人，让人对它留下印象。语言在灵魂深处触摸人，震撼人的语言，改变着人的存在。语言在文本写作的作用由此可见一斑。

最后要强调的是，一份有思想的现象学文本，在反映生活的同时，也思考生活。有思想的现象学文本来自生活体验。

4. 现象学写作要考虑的问题

前面说过，现象学研究的挑战是要写作一份现象学文本。现象学文本的写作具有它自身的一些特点。

(1)现象学写作文本首先必须能感动研究者自己。一些研究者认为，现象学文本首先要能感动写作者自己，才能寄希望煽动读者，也才可能使研究取得好的效果。

(2)现象学写作的文本有时从总体来看是前后矛盾的。这是因为现象学研究的是体验，它是一种感性的、直觉的记录，不是按照逻辑进行发展的过程，而是随情绪的变化而调整，所以对它的描述也往往会产生前后的矛盾。

正是由于现象学文本写作上的这些特点，在写作时需要考虑一些问题。对这些问题的深入思考和把握，对规范和提升文本写作的质量具有重要作用。这些问题包括：如何引出现象学的研究问题，如何使读者对你所研究的现象感到好奇，如何在文本的特殊性和普遍性之间取得平衡，如何使得文本具有一定的深度等。

(六)现象学知识的构建

经历现象学研究后，人们要知道现象学研究得到的是什么知识，这种知识对人的日常思维和行为有什么帮助。

现象学知识的基本思想是：现象学的知识不是来自认知、理性、技巧，更多的是来自移情，是在体验、移情的基础上得来的。现象学研究的重要一点是，获得认知能力所不能解决的非认知方面的意义，即现象学的知识是非认知知识，是理性以外的知识。美国芝加哥大学的戈尼·根德林指出，现象学知识不是通过认知获得的，也不是通过理性思考出来的——有时人们甚至有意识地去感觉、思考它也不一定能感知到。它是人们通过感觉获得的。也就是说，这种知识是非认知方面的知识，它是人们通过移情的方法获得的。借用德国哲学家伯格森的话来说就是，直觉才能揭示事物的本质。

现象学的上述知识观与传统的知识观有明显差别。传统的知识观强调理性，理性是科学的代表，所有的知识必须经过理性的推导、烙上理性的印章，才是合法的、科学的、有必然性的，非认知的知识难以登上知识的殿堂(后现代的知识观不在此列)。

在现象学研究实践中，通过移情方法获得的知识有下列几种。

1. 行动的知识

它的基本思想是"'我们对外界知道什么'在于'我们自身能做什么'"，也就是说，知识存在于人们的行动中。这种观点认为，行动所用的知识，不是都能转换成命题和理论的。按照路德维格·维特根斯坦的观点，当人们说做了什么以及如何做的时候，他留下的是行动，而不是命题。换句话说，人们由行动获得知识，行动蕴含着知识，只是这种知识大都是默会的。

2. 身体的知识

它的基本思想是“我们知道什么，在于我们身体的存在”。从现象学角度来看，人的身体本身是移情的，“身体”知道如何做事情。因此，如果人们打算以理性控制这种知识，那么这些“理性”事实上就在妨碍身体完成工作。身体的活动获得的知识包括惯例、习惯、传统、规则等。

3. 关系知识

它的基本思想是“知识存在于我们与他人的关系中”。这种关系一方面依赖于反思的程度以及人们在这种谈话或交互情境中的距离，另一方面，关系知识影响人的行为。比如与一个精明的人交谈时，我们也许就会感到自己愚笨。

4. 情景知识

它的基本思想是“知识来自情景”。它主张我们知道什么来源于我们所处的世界。知识不仅存在于人的身体中，也存在于世界中。知识在世界中引导人们的身体开展活动。比如，陌生、嘈杂的环境会使得有形成一定习惯的身体失去导向；在陌生或不熟悉的地方，人们感到迷乱，身体显得相当笨拙、无知等。

三、范梅南的教育现象学思想

范梅南是当前教育现象学的杰出代表，因而着重介绍他的教育现象学思想。他的研究作品包括教学机智、儿童秘密和教学的声音。他的教育现象学观点大致可概括为：

(1)教育是一种“关系”。范梅南认为，教育不仅仅是教师对学生“教”的过程，更主要的是教师与学生的关系。而且他认为，教育的本质就是一种关系，这种关系是教育活动的核心。“教育学总是深深地凝结在大人和小孩的关系的本质当中”，如果“关系”没有发生，教育就没有发生。德国的雅斯贝尔斯说：“教育的本质意味着：一棵树摇动另一棵树，一朵云推动另一朵云，一个灵魂唤醒另一个灵魂，未能引起人的灵魂深处的变革，那么它就不能称为教育。”因此，教育研究的价值应该是研究具体的生活体验，挖掘生活世界的意义。

(2)教师要对儿童保持好奇和敏感。正是出于教育的“关系论”，范梅南要求教师要关注儿童的生活世界，对儿童生活保持好奇和敏感。特别是在课堂教学中，教师要认识到师生之间是一个动态系统，随时可能发生意想不到的事情，其中充满了偶然性、即刻性、情境性。教师需要保持敏感性，具有教学的智慧，能随机应变。

教育现象学要关注儿童的体验。范梅南认为，探索教育学本质有两条途径：

一是从建立一个教育理论着手，然后用理论指导实践；二是从生活本身开始，通过反思与孩子的交往，理解教育生活世界。他从后一条途径入手，从生活本身开始“回到生活本身”，开展现象学的研究。他把教育现象学研究的特点归纳为：

①关注普通日常生活经验，而不是形而上学的问题；

②要有规范性倾向，而不要坚持价值中立；

③强调对具体经验进行反思，而不要进行理论的抽象概括；

④现象学研究要求兼具开展文本写作和反思的才能。

(3)教育现象学的目的不是要解决问题，而是要了解问题。范梅南认为，教育现象学不同于自然科学，它通过对师生之间关系、问题的了解，使得师生能更好地相处。

四、教育现象学研究的基本步骤

范梅南是北美地区教育现象学研究的代表。他在其个人的现象学网站上系统地阐述了他的现象学研究方法、基本观点、理论和研究步骤。范梅南认为，教育现象学方法是要了解教师在教育中的体验，阐述教师如何描述体验以及如何借助语言把这些体验向他人传递。他还提出了“教育机智”这一概念，认为教育活动始终是前反思、前理论、情境性、实践性的，对教育情境的把握需要教师具有实践智慧。这种智慧源于深入地体验、理解孩子的生活和现实。

范梅南提出的教育现象学方法的步骤主要包括：

(1)找到一个感兴趣的现象，并全身心地投入该现象的体验中。

(2)研究生活于其中的人们的体验，而不要从概念上理解它。

(3)反思能体现该现象特征本质的主题。

(4)借助写作和修改，描述该现象。

(5)保留该现象教与学方面的特点。

(6)平衡研究文本各部分之间的关系。

范梅南还依据庞蒂的思想提出了现象学还原的步骤，以获得对现象本质的理解。这几个步骤是唤醒自己对世界的好奇心，超越主观或个人的情感、爱好、倾向或期望，抛开叠加在研究对象之上的理论或科学概念，关注生活体验的独特性，发现生活意义的普遍本质。

五、本研究对教育现象学的运用

本研究将借助范梅南的解释现象学主要对儿童本质进行现象学的深入解读；

对儿童文化危机进行现象学描述，以期全面地、深入地理解问题，最后对儿童文化现状进行更深刻地完善和改善。

要做的基本工作是获得关于儿童的各种直接体验，基本追求是“朝向‘儿童’本身”，对其进行基本的描述、分析和解释，实际上，所有的描述也都是解释。

师范类院校是指以师范教育(教师教育的职前阶段)为主的高等院校。师范类院校的师范类专业一般是面向中小学、幼儿园培养教师和教育管理者，所以其专业、学科和课程建设乃至整个学校的文化建设理所当然地与0～12岁儿童的文化密切相连，体现出儿童文化的特质。师范类院校教育教学的最终受益者是儿童，因此，本研究有时表面上触及的是师范类院校的师生，实际上仍是“朝向‘儿童’本身”。

第三章　对儿童本质的现象学描述

儿童的世界是天真烂漫、无拘无束、五彩缤纷、变幻无穷的，是万物泛灵论的（如：给椅子穿上袜子；认为天黑是太阳公公下班回家吃饭休息了），富有成年人意想不到的奇妙和惊喜。这是关于儿童世界的初步认识。我们也将从对儿童本质的深入分析中发现以上所述。可以从以下方面较深入地认识儿童本质。

第一节　儿童是天生的哲学家

“你们认为时间有开端吗?”我向十几个三四年级的孩子提问。这些孩子是我在马萨诸塞州牛顿市组织的一个哲学讨论小组里的成员。（我们曾试图写一篇时间旅行的故事）

几个孩子回答说：“没有。”

这时，尼克说话了。“宇宙是一切事物和一切地方”，他稍作停顿，“如果有一个巨大的爆炸或其他东西，那么这种巨大的爆炸要作用在什么地方呢?”

尼克的问题也是久久困扰我的问题。我听过著名天体物理学家和宇宙起源专家关于宇宙起源“大爆炸”理论的许多讲座，都没有解决尼克在这里直截了当表达出来的困惑。

参加这次讨论时，尼克刚满九岁。小组里的其他成员，年龄均在九岁至十岁半之间。

尼克不仅对宇宙如何起源这一问题很感兴趣，而且他还提出了一个形而上学原则，这一原则要求我们探究宇宙万物(包括宇宙本身)的开端。他认为万物都有开端。正如他意识到的那样，这一原则把宇宙起源这一问题又重新提了出来。他不停地追问：“宇宙是怎样开始的?”

山姆说：“宇宙是一切事物都在那里出现的地方。其实它就是一切。是其他事物在那里开始的地方。”

“这样说来，一直就有一个宇宙吗?”我问。

“是的，一直就有一个宇宙。”山姆回答。

“如果说一直就有一个宇宙，那么也就没有起始时间了。”我继续说。

“对于某些事物来说，还是有起始时间的。”山姆解释说，“但是对于宇宙来说，就没有起始时间。地球有起始时间，星星有起始时间，太阳有起始时间，但是宇宙没有起始时间。”

“你能向尼克说明宇宙一直就存在吗?”我问山姆。

山姆反问道：“宇宙要在哪里开始出现呢?”

“我也不知道。”尼克说。

我说过山姆的宇宙概念(一切事物都“在那里”出现)很像柏拉图对话录《蒂迈欧篇》中的“托载体”(receptacle)概念：“……一切创生的、可见的、以可感觉的形式存在的事物之始基和托载体，都未被称作土或气或火或水，或它们的混合物，或它们从中演化出来的任何元素……”(《蒂迈欧篇》51A)按照这一观点，宇宙本身并没有产生，只有其他事物在其内或其“上”演生。这就像这个小组里的另一成员罗斯后来在讨论中提出的看法——事物“在无边的黑暗中产生，而这正是宇宙，宇宙就是无边的黑暗”。①

以上是美国哲学家、儿童哲学先锋加雷斯·B. 马修斯在著作中描述的儿童对宇宙起源问题的思考。当儿童遇到哲学问题时，他们会自发地使用哲学思维进行哲学思考。这种思维与大哲学家的思维很相似。

意大利哲学家皮耶罗·费鲁奇在自己的著作《孩子是个哲学家》中，叙述自己四十岁当上父亲后，两个儿子为他开启了令人难以置信的世界，让人思考自己生命的本质。

丰子恺先生回忆自己童年时追踪探寻什么是空间和时间时叙述道②：

我心中愤慨地想：我身所处的空间的状态都不明白，我不能安心做人！我的生命是跟了时间走的。“时间”的状态都不明白，我不能安心做人！世人对于这个切身而重大的问题，为什么都不说起？以后我遇见人，就向他们提出这个问题。他们或者说不可知，或者一笑置之，而谈别的世事了。我愤慨地反抗：“朋友！我这个问题比你所谈的世事重大得多，切身得多！你为什么不理?”听到这话的人都笑了。他们的笑声中似乎在说：“你有神经病了!”我不再问，只能让那粗大的“?”照旧挂在我的眼前，直到它引导我入佛教的时候。

---

① (美)加雷斯·B. 马修斯．童年哲学[M]. 刘晓东，译．北京：生活·读书·新知三联书店，2015.

② 丰子恺．给我的孩子们[M]. 北京：海豚出版社，2014.

教育学前辈凭借自己跟儿童朝夕相处而得来的细致入微的观察和分析以及身为儿童亲身的经历，向我们体认和证实：儿童时时在思考自己生活中、游戏中遇到的新事物、新经验，并赋予每一个事物一种观点，整合进自己的世界观。比起大部分习惯于日常生活，懒得再去质疑的成年人，儿童是勇敢怀疑而且无比坚忍，一定要打破砂锅探究到底的哲学家。日常生活中，我们不仅经常小觑儿童的能力和潜力，而且也使问题脱离了自然的人类背景。在这种自然背景中，无论是成人还是儿童，都在尽力解决是生还是死的两难问题。

在希腊哲学中，哲学的本意就是爱智慧。柏拉图认为，哲学根源于“惊讶”。由于受到惊讶的驱动，人们开始思考，开始了哲学的活动。相对于成人而言，儿童天生就对周围的世界充满惊讶，因而天生就是哲学家。儿童几乎会思考所有的哲学问题，他们常常被生活中的基本哲学问题所困惑：空间、时间、梦、生命、因果、死亡、道德等。

很多哲学家的观察和体认表明，由于儿童暂时缺乏抽象逻辑思维能力，缺乏知识积累和社会生活经验，他们不会落入思维的窠臼，不会被成熟的正确答案所左右。他们基于世界和生活中的现象，应用具体形象思维进行思考，其间掺杂着很幼稚的抽象思维因素，稚拙、质朴而神秘，值得成年人借鉴和学习。当儿童投入对问题的思考是依靠其自发的兴趣和内在驱动的时候，他们会如同丰子恺童年时一样，心灵将长期倾注在思考的对象上，具有坚韧性和持久性。

儿童对哲学问题的认识经历了困惑、探询、领悟、深化等不同阶段，在这一认识过程中，儿童的认识水平不断提升、深化，一步一步趋近对事物真理的认识和把握。正是因为儿童的困惑、探索包含着许多智慧的萌芽、哲学的体验、思维的火花，人们才逐步认识到儿童是个哲学家。

第二节　儿童是自然的生活者

楼窗下的弄里远远地传来一片声音：“咿哟，咿哟……”渐近渐响起来。

一个孩子从算草簿中抬起头来，睁大眼睛倾听了一会儿，“小鸡！小鸡！”叫了起来。四个孩子同时放弃手中的笔，飞奔下楼，好像路上的一群麻雀听见了行人的脚步声而飞去一般。

我刚扶起他们所带倒的凳子，拾起桌子上滚下去的铅笔，听见大门口一片呐喊：“买小鸡！买小鸡！”其中又混着哭声。连忙下楼一看，原来元草因为落后而狂奔，在庭中跌了一跤，跌痛了膝盖骨不能再跑，恐怕小鸡被哥哥、姐姐们买完了轮不着他，所以激烈地哭着。我扶着他走出大门口，看见一群孩子正向一个挑着担子“咿哟，咿哟”的人打招呼，欢迎他走近来。元草立刻离开我，上前去加入团体，且跳且喊：“买小鸡！买小鸡！”泪珠跟了他的一跳一跳而从脸上滴到地上。

孩子们见我出来，大家回转身来包围了我。“买小鸡！买小鸡！”的喊声由命令的语气变成请愿的语气，喊得比以前更响了。他们仿佛想把这些声音蓄入我的身体中，希望它们由我的口上开出来。独有元草直接拉住了担子的绳而狂喊。

我全无养小鸡的兴趣；而且想起了以后的种种麻烦，觉得可怕。但乡居寂寥，绝对摒除外来的诱惑而强迫一群孩子在看惯的几间屋子里隐居这一个星期日，似也有些残忍。且让这个“咿哟，咿哟”的来打破门庭的岑寂，当作长闲的春昼的一种点缀吧。我就招呼挑担的，叫他把小鸡给我们看看。

他停下担子，揭开前面的一笼。“咿哟，咿哟”的声音忽然放大。但见一个细网的下面，蠕动着无数可爱的小鸡，好像许多活的雪球。五六个孩子蹲集在笼子的四周，一齐倾情地叫着“好来！好来！”一瞬间我的心也摒绝了思虑而没入在这些小动物的姿态的美中，体会了孩子们对于小鸡的热爱的心情。许多小手伸入笼中，竞指一只纯白的小鸡，有的几乎要隔网捉住它。挑担的忙把盖子无情地盖上，许多“咿哟，咿哟”的雪球和一群“好来，好来”的孩子就变成了咫尺天涯。孩子们怅望笼子的盖，依附在我的身边，有的伸手摸我的口袋。……

关上大门，我一面为元草揩拭眼泪，一面对孩子们说：“你们大家说‘好来，好来’，‘要买，要买’，那人就不肯让价了！”

小的孩子听不懂我的话，继续抽噎着；大的孩子听了我的话若有所思。我继续抚慰他们：“我们等一会再来买吧，隔壁大妈会喊我们的。但你们下次……”

我不说下去了。因为下面的话是“看见好的不可嘴上说好，想要的不可嘴上说要。”倘再进一步，就变成“看见好的嘴上应该说不好，想要的嘴上应该说不要”了。在这一片天真烂漫光明正大的春景中，向哪里容藏这样教导孩子的一个父亲呢？①

以上是丰子恺先生对他作为成人和他的孩子们不同的行为方式的叙述，作为父亲，他不断被孩子天真单纯、活泼可爱以及毫无做作和虚伪的生活感染和折服。

儿童的行为方式与成人不同，他们有自己独立的生活。生活对于成人来说，有生物钟和日常生存带来的体力、智力和情绪的波动，有烦琐和单调，有激烈的竞争，甚至有心灵的斗争，压力、紧张和焦虑会成为很多成人的重负。而生活对

① 丰子恺．给我的孩子们[M]．北京：海豚出版社，2014.

于儿童来说，是无所畏惧的简单，是傲视一切的单纯，是随时可以游戏的场所，在其间可以畅所欲言、纵情欢乐，尽情释放嬉闹的原始本能。这足以让世俗的成人羞愧和忏悔，进而被儿童感染。

从丰子恺先生的儿女们身上，还有现实生活中的儿童身上，我们能充分感受到儿童的生命活力，也就是生长的力量。儿童像草木花果，在自然的生长力的推动和引导下，展开他们无限的生命力，并在生活中开发潜能，满足发展的需要。“当蒙台梭利教具一摆出来，孩子争先取用，热切的程度令人难以置信。这些饥渴的心灵曾被撇在孤寂的环境中，既茫然又无助。发现有助于他们成长的事物，他们就像饥饿的狮子一样扑上去，吞食一切能助其成长的东西以融入这时代的文明。”①

现代教育的代表、美国的教育家杜威认为②，生活就是发展，不断生长就是生活，常态的儿童和常态的成人都在不断生长，他们之间的区别不是生长和不生长，而是各有不同的生长方式。儿童的未成熟状态是他们生长的首要条件；同时，这种未成熟状态也决定了他们必须不断地生长，从而最终达致成熟状态，并将继续不断地生长。

儿童的生活就是不断的生长过程。该过程具有以下基本特征：

(1)儿童生活的目的是不断地生长。首先，这种生长是自发的，有无穷的生命力；其次，我们教育目的中的培养儿童日后成为社会需要的人是后发性的，实现它需要成人的帮助和指导。

(2)儿童生活的价值在于适应，即第一章中的生物适应与文化适应。

(3)儿童生活的核心内容和表现形式是游戏。游戏是伴随着儿童自发的生长而发生的。

(4)儿童生活是以儿童自身为中心的一个整体。杜威认为③，儿童生活在个人接触显得十分狭隘的世界里，除非这种生活密切地和明显地涉及他自己的或者他的家庭和朋友的幸福，其他各种事物很难进入他的经验里。儿童的世界是一个具有他们个人兴趣的人的世界，而不是一个事实和规律的世界。儿童世界的主要特征，不是与外界事物相符合这个意义上的真理，而是感情和同情。此外，儿童的生活是一个整体。他能敏捷地从一个主题转换到另一个主题，正如他从一个场所到另一个场所一样，但是他没意识到转变和中断，既没意识到割裂，也没意识到

---

① (意)玛利亚·蒙台梭利．新世纪的教育[M]．郭景皓，译．北京：中国发展出版社，2015.

② (美)约翰·杜威．民主主义与教育[M]．王承绪，译．北京：人民教育出版社，2001.

③ (美)约翰·杜威．学校与社会·明日之学校[M]．赵祥麟，等，译．北京：人民教育出版社，2005.

区分。儿童所关心的事物与他的生活所带来的个人的和社会的兴趣的统一性，是结合在一起的。凡是在他的心目中最突出的东西就暂时对他构成整个宇宙，那个宇宙是变化和流动的，它的内容会以惊人的速度消失和重新组合。但是，归根结底，它是儿童自己的世界，它具有儿童自己的生活的统一性和完整性。

从丰子恺先生热爱小鸡的儿女们身上和周围无数儿童的表现来看，他们自己热爱和喜欢的就是整个世界，而这个世界是无穷变幻的，具有整体性，正可以印证蒙台梭利、杜威对儿童生活世界的概括。

第三节　儿童是本能的游戏者

我坐在院里，仪从门外进来，悄悄地和我说："你睡了以后，叔叔骑马去了，是那匹好的白马……"我连忙问："在哪里?"他说："在山下呢，你去了，可不许说是我告诉的。"我站起来便走。仪自己笑着，走到书室里去了。

出门便听见涛声，新雨初过，天上还是轻阴。曲折平坦的大道，直斜到山下，既跑了就不能停足，只身不由己地往下走。转过高岗，已望见父亲在平野上往来驰骋。这时听得乳娘在后面追着，唤："慢慢地走！看道滑掉在谷里!"我不能回头，索性不理她。我止不住地唤着父亲，乳娘又不住地唤着我。

父亲已听见了，回身立马不动。到了平地上，看见董自己远远地立在树下。我笑着走到父亲马前，父亲凝视着我，用鞭子微微地击我的头，说："睡好好的，又出来做什么!"我不答，只举着两手笑说："我也上去!"父亲只得下来，马不住地在场上打转，父亲用力牵住了，扶我骑上。董便过来挽着辔头，缓缓地走了。抬头一看，乳娘本站在岗上望着我，这时才转身下去。我和董说："你放了手，让我自己跑几周!"董笑说："这马野得很，姑娘管不住，我快些走就得了。"渐渐地走快了，只听得耳旁海风，只觉得心中虚凉，只不住地笑，笑里带着欢喜与恐怖。父亲在旁边说："好了，再走要头晕了!"说着便走过来。我撩开脸上的短发，双手扶着鞍子，笑对父亲说："我再学骑十年的马，就可以从军去了，像父亲一般，做勇敢的军人!"父亲微笑不答。马上看了海面的黄昏——董在前牵着，父亲在旁扶着。晚风里上了山，直到门前。母亲和仪，还有许多人，都到马前来接我。当我连蹦带跳地从屋外跑进来的时候，母亲总是笑骂着说："看你的脸都晒'熟'了！一个女孩子这么'野'，大了怎么办?"跟在我后面的父亲就会笑着回答："你的孩子，大了还会野吗?"这时，母亲脸上的笑，是无可奈何的笑，而父亲脸上的笑，却是得意的笑。的确，我的"野"，是父亲一手"惯"出来的，一手训练出来的。因为我从小男装，连穿耳都没有穿过。记得我回福州的那一年，脱下男装后，我的伯母、叔母都说："四妹(我在大家庭姐妹中排行第四)该扎耳朵眼、戴耳环了。"父亲还是不同意，借口说："你们看她左耳唇后面，有一颗聪明痣。把这颗痣扎穿了，孩子就笨了。"我自己看不见我左耳唇后面的小黑痣，但是我至终没有扎上耳朵眼！不但此也，连紧鞋父亲也不让穿，有时我穿的鞋稍为紧了一点，我就故意在父亲面前一瘸一瘸地走，父亲就埋怨母亲说："你又给她小鞋穿了!"母亲也气了，就把剪刀和纸样的鞋样推到父亲面前说："你会做，就给她做，将来长出一对金刚脚，我也不管!"父亲真的拿起剪刀和纸就要铰个鞋样，母亲反而笑了，把剪刀夺了过去。

那时候，除了父亲上军营或军校的办公室以外，他一下班，我一放学，他就带我出去，骑马或是打枪。海军学校有两匹马，一匹是白的老马，一匹黄的小马，是轮流下山上市去取文件或书信的。我们总在黄昏，把这两匹马牵来，骑着在海边山上玩。父亲总让我骑那匹老实的白马，自己骑那匹调皮的小黄马，跟在后面。记得有一次，我们骑马穿过金钩寨，走在寨里的小街上时，忽然从一家门里蹒跚地走出一个刚会走路的小娃娃，他一直闯到白马的肚子底下，跟在后面的父亲，吓得赶忙跳下马来拖他。不料我座下的那匹白马却从从容容地横着走向一边，给孩子让出路来。当父亲把这孩子抱起交给他的惊惶追出的母亲时，大家都松了一口气，父亲还过来抱着白马的长脸，轻轻地拍了几下。在我们离开烟台以前，白马死了。我们把它埋在东山脚下。我有时还在它墓上献些鲜花，反正我们花园里有的是花。从此我们再也不骑马了。

父亲还教我打枪，但我背的是一杆鸟枪。枪弹只有绿豆那么大。母亲不让我向动物瞄准，只许我打树叶或树上的红果，可我很少能打下一片绿叶或一颗红果来![①]

以上是作家冰心的《父亲的"野"孩子》，叙述童年时父亲对自己的疼爱和支持。从中我们可以发现，童年时的冰心为了心中喜爱的骑马游戏，尽管是笑里带着欢喜与恐怖，也要奋不顾身，义无反顾。这正是所有天生喜欢游戏的儿童的共同表现。正如苏联教育家苏霍姆林斯基感叹道的：小孩子有哪个不喜欢堆雪人、玩雪橇!

人生来就有一种活动的本能(包括创造本能)，这种本能在婴儿期就已经表现出来，在婴儿期以后，这种本能就表现在游戏中。德国教育家福禄培尔说过[②]：

---

① 冰心．父亲的"野"孩子[J]．小学生必读(高年级版)，2012(10)：16-17.

② (德)福禄培尔．人的教育[M]．孙祖复，译．北京：人民教育出版社，1991.

"游戏是儿童发展的，这一时期是人的发展的最高阶段，因为它是内在本质的自发表现，是内在本质出于其本身的必要性和需要的向外表现，'游戏'一词本身就说明了这一点。游戏是人在这一阶段上最纯洁的精神产物，同时是人的整个生活、人和一切事物内部隐藏着的自然生活的样品和复制品，所以游戏给人以欢乐、自由、满足，内部和外部的平静，同周围世界的和平共处，一切善的根源在于它、来自它、产生于它。一个能干的、自发的、平心静气的、坚韧不拔的、直到身体疲劳为止坚持游戏的儿童，也必然成为一个能干的、平心静气的、坚韧不拔的、能够以自我牺牲来增进别人和自己幸福的人。一个游戏着的儿童，一个全神贯注地沉醉于游戏中的儿童不就是这一时期儿童生活最美好的表现吗?"

通过观察现实生活中儿童的游戏，不难发现，儿童文化同其他文化一样，有着自身的规则，由此规定这个圈子内所有成员的行为，而且这一套规则对孩子们能够从事的任何游戏起着"结构"的作用。

多年来，众多的儿童实践和研究证明，游戏具有以下价值和作用：

(1)游戏满足了儿童天生的新奇和探索欲望，在此基础上儿童又不断开始新的探究。

(2)游戏为儿童提供了发展的内在动力，并为儿童开拓了无限的发展可能性。

(3)游戏促进了儿童的自我发展。游戏是儿童整个未来生活的种子，最纯洁的素质和最内在的思想就是在游戏中得到发展和表现的。它是儿童未来生活的根源。

(4)游戏使儿童获得了整体性的生长。游戏天然地和思想、语言、音乐、动作、情感密切联系在一起，促进儿童身心的健康发展。

儿童是本能的游戏者，冰心、苏霍姆林斯基和福禄培尔的实践和体认也是从实践中得来的真理。

第四节　儿童是自发的学习者

汤米真正喜欢做的事是弹自动钢琴。这是他看姐姐丽莎弹钢琴引起的。她经常弹是为了听音乐。而他想弹，是因为想做他姐姐能做的一切。可他仅仅够得着钢琴脚踏键盘而已，而且他坐在钢琴凳上时，得用双手把着钢琴的边沿。由于地板很硬很滑，所以凳子渐渐地离钢琴越来越远。他不得不跳下来，把凳子再搬回去，再上去。有一次我看到这种情况，就说："喂，我给你把着凳子。"这么把着当然很好，从此这却成了我的长期工作。从那以后，他一想弹琴，我就听见他的尖叫声："约翰！约翰！"有时，我有事离不开，我就得躲起来，但那样的效果不大。最后他会找上来并说："过来帮忙。"这就不能拒绝了。我故意问他："干什么呀？"他说："把着凳子。"……

大约过了一年，所有这一切试验都得到了证实。他母亲给我写了一封信，其中一部分是这样写的："汤米是个好观察、有主意、反应快的小孩子，并且不愿意总是被人教，他喜欢学习和记住各种将来有用的事情。他很熟练和谨慎地使用工具(螺丝刀、鎚子、锹、耙子、锯……)。他喜欢和我们一起做事，帮我种东西和浇水，修剪草木，拌沙子和水泥等，他既忙碌又有些好奇。但当我们试图(像我们现在那样)去教他一些像A、B、C、D、E、F、G这样的东西时，在他看来这些东西没有意义和用处，他就不能忍受。实际上他简直是发怒了，灰心丧气了，几乎哭了。到秋天上学时会有什么反应呢？"[①]

以上是美国教育家霍尔特在著作《儿童怎样学习》中对儿童汤米的自发学习以及不愿意被成人打断学习的叙述。他对儿童的自发学习做了长期的、细致的观察和分析，以事实说明：儿童的自发学习被成人打断会极大地影响他们未来学习的信心、兴趣和动力。汤米不能忍受成年人教他一些没有意义和用处的东西，他喜欢学习自己想学习的东西，愿意忙碌和好奇。不光是他母亲担心他能否适应将来学校的生活，我们也会担心。因为学校的很多教师认为孩子心智不成熟，需要人教和干涉；此外，孩子好动、好玩、自我控制力差，需要严格的学校规章制度来管束。

蒙台梭利叙述道[②]：最早的儿童之家在罗马的一些贫民区建立起来，收容三岁以上的小孩子。来参观的访客对四岁大的孩子能够读写感到十分惊讶。他们会问孩子："是谁教你写字呢？"孩子抬起头来不解地回答道："教？没人教我！是我自己学的！"蒙台梭利在后继的延伸实验中证实所有孩子都有自发学习的能力，智力有缺陷的孩子只是程度不同而已。

苏霍姆林斯基也叙述过[③]：童话，形象地讲，就是能够吹燃孩子思想和言语火花的清爽微风。孩子们不仅喜欢听故事，他们也创作故事。当我让他们透过葡萄枝叶的绿色围墙欣赏景色时，想好要给他们讲个故事，但并未预定究竟讲哪个。推动我施展幻想的是卡佳的话："太阳在洒火花……"

"这看起来荒谬，但确是事实，因为孩子有一种特殊心智可以自己吸收知识，

---

① (美)约翰·霍尔特．儿童怎样学习[M]．张达明，等，译．长春：吉林教育出版社，1987.

② (意)玛利亚·蒙台梭利．新世纪的教育[M]．郭景皓，译．北京：中国发展出版社，2015.

③ (苏)B. A. 苏霍姆林斯基．把整个心灵献给孩子[M]．唐其慈，等，译．天津：天津人民出版社，1981.

自己教自己，它很容易从孩子的语言习得中获得证实，这是一种了不起的心智成就。尽管没人教他，但是两岁大的孩子却能说父母的语言。所有研究此现象的专家都认为，在生命的特定时期，孩子开始使用与生命有关联的词汇，不久便熟悉了各种不规则的形态与句法结构，而这些对学习非母语语言的成人来说是相当困难的。心理学家声称，孩子的内在自我都有一个忠于时间表施教的严格认真的'老师'，这位'老师'能用三年时间使孩子掌握成人需近六十年努力学习的内容。科学的观察确定了教育并不是教师教出来的；它是人类个体自行实现的自然过程，通过在环境中的体验而不是听听话来获得。"①

充分的科学根据和理由，以及长期对儿童的大量观察和分析，加上霍尔特、苏霍姆林斯基、蒙台梭利的体认，我们可以确信：绝不会有不愿意学习的孩子，每一个儿童上学时，都是真心诚意来学习的，总是充满好奇心和求知欲的。他们的学习早在我们教他们之前就在发生了。

第五节　儿童世界是思考、生活、游戏、学习的交融

一、儿童世界是思考、生活和游戏的交融

丹尼斯(4岁6个月)向詹姆斯解释说："一种东西可能在前面同时又是在后面。"他父亲无意中听到了，问道："怎么？你说的是什么意思？"……他们正好靠近一张桌子站着，丹尼斯说："嗯。比如我们绕着这张桌子转，一会儿你在前面，我在后面，一会儿我在前面，你在后面。"②

以上是马修斯叙述儿童在探究相对论的问题。假定詹姆斯和丹尼斯的想法不同，他们就会真的绕着桌子彼此追逐来验证以上观点。他们是敌对双方，都试图抓住对方。两个孩子在追逐游戏的过程中，可以从各自的视角和地位，证实以上哲学思考是正确的。游戏中的探索增强了感性认识和理性认识，并且基于生活场景和生活本身，还给孩子带来了无尽的乐趣。

如前所述，儿童的生活本质上是以游戏的内容和方式进行的，无处不在，无时不在。他们用大无畏的精神和游戏相处，没有任何功利性和其他目的，只是为

① (美)约翰·霍尔特．儿童怎样学习[M]．张达明，等，译．长春：吉林教育出版社，1987.

② (美)加雷斯·B. 马修斯．哲学与幼童[M]．修订版．陈国容，译．蒋永宜，校译．北京：生活·读书·新知三联书店，2015.

了娱乐和开心。成人说的其他目的，比如知识、能力、情感、态度和价值观的积累和增长，只是游戏带来的愉悦的附生品。其中，儿童文化对儿童生活中的游戏起着建构的作用，体现着儿童世界的价值观和游戏规则。

儿童是自然、家庭、学校和社会中的生活者，哲学就是起源于他们对周围世界的惊讶和思考，不可能脱离他们自己生活的环境，不可能脱离游戏。哲学思考一开始其实就是基于生活的文字和概念游戏，比如什么是空间、时间、梦、生命、因果、死亡、道德等。儿童的哲学思考需要成人的引导和帮助才能最终发展完善，直逼世界的本质。而成人在启发引导儿童思考时，也离不开自己的生活和儿童的生活及其游戏。成人若以一种探询式的、反问式的或游戏式的方式回应儿童，可以使儿童的问题进入一个更加引人入胜的探寻境界。成人要做优秀的哲学导师，会基于儿童的生活和游戏，帮助和促进儿童思考，并使之在游戏中享受生活、思考的乐趣。

二、儿童世界是思考、生活和学习的交融

埃迪：……我们怎么知道这是真正的莴苣种子？

老师：袋子上写的是“莴苣”。

埃迪：万一它其实是番茄种子呢？

老师：喔，你看了袋子上的图片，担心种下去的可能是和莴苣摆在一块儿的番茄，是不是？其实那张图片只是一盘沙拉，是莴苣长好之后再做成的。

华伦：他们也许认为这些是莴苣种子，可是也许他们并不知道到底是不是。

厄尔：也许这些种子和别的种子看起来一模一样。

老师：你们认为他们会搞错吗？

丽莎：如果这些不是莴苣种子就拿回商店去换。

蒂安娜：这种子又不是商店里的人装的。

埃迪：应该把它们拿回去还给园丁。

蒂安娜：说不定袋子上印的字搞错了，或者是装的人把种子弄混了。

埃迪：说不定他们同时装不同的种子，结果弄错了，装成别的桌子上的种子了。

华利：应该说是装成花园另一区的种子了，番茄园的。

华伦：所以，万一它们不是莴苣，就有可能是番茄。[①]

以上是马修斯的叙述。埃迪一提出问题，其他的孩子很快地就加入了讨论，

---

① (美)加雷斯·B. 马修斯. 哲学与幼童[M]. 修订版. 陈国容，译. 蒋永宜，校译. 北京：生活·读书·新知三联书店，2015.

他们愉快地思考各种不同的可能，试图找出正当的理由，以使我们确信那些是真正的莴苣种子。他们以这样的方式对知识的确定性提出怀疑。

首先，儿童接触包含莴苣等植物的日常生活，日常生活中的所有元素及其联系激起他们思考、探究的欲望和热情。主动积极的思考是学习的前提条件，学习又进一步促进他们进行较深入的客观、周全和严密的思考，甚至是分析、归纳、推理和判断。只学习不思考，会陷入困惑之中；只思考不学习，也会陷入困惑和危险之中。儿童生而具有的天性，有助于他们解决以上问题。自然学习是儿童经验的积累，是个体持续变化的行为，最终在知识、能力、情感、态度和价值观等方面达到社会培养完整人的要求。其间，儿童在日常生活中不断进行模仿学习、操作学习、实验学习，不断进行自发性思考，最后上升到成为具有独立个性的人，不断进行创造和发展。

如前所述，儿童的生长过程自始至终伴随着教育的发展过程。儿童的学习包括自发学习和在学校里作为受教育者的学习。自发的学习是儿童的本能心智导致的；在学校里的学习伴随着自发学习，学校应该不断了解、理解和尊重儿童，使两种学习都能有效帮助儿童成长。

三、儿童世界是思考、游戏和学习的交融

吃午饭时，孩子们谈论起了“宇宙起源”的问题：

丹恩(6 岁 1 个月)坚持说，不论你是怎样设想“开端”，“开端”之前必定还有某种东西。他说：你可以说，起先是一块大石头，万物都是从它而来，——不过(特别加重语气)石头是从哪儿来的呢？——对这个问题，有两到三种不同意见。

然后简(11 岁)，有着广博的知识积累，说：“我见书上曾说到地球是太阳的一片，而月亮是地球的一片。”

丹恩用一种急于猛击她的错误的神气说：“啊！那么太阳是哪里来的？”

汤米(5 岁 4 个月)一直非常安静地听着他们讲话，现在带着平静的微笑说：“我知道太阳是哪里来的！”

其他的人都急切地问：“汤米，说真的，是从什么地方？告诉我们吧！”

他笑得更厉害了，对怀着极大兴趣的那几个人说：“不能告诉你们！”他们算是彻底领教了这个笑话。[①]

以上是马修斯的叙述。从中我们可以看到，儿童在思考的同时利用学习到的

① (美)加雷斯·B. 马修斯．与儿童对话[M]．陈鸿铭．译．北京：生活·读书·新知三联书店，2015.

知识，并以游戏的方式享受探索疑难的乐趣。

前已述及，儿童的思考和学习是相辅相成的，是交融在一起的，而且他们天生是学习和思考的精灵。游戏是儿童主要的生活方式和学习方式。游戏不但让儿童感受到自己在生活中的存在，感受到快乐和欢愉，而且促进他们成长。游戏帮助儿童进行生活、学习和思考。儿童的身体发展、个性发展、想象力和创造力的发展、美感的发展，都是在游戏过程中实现的。同时，游戏还为儿童提供学习的内容，其间伴随着思考的不断发生。我见过，也相信不少人见过几个在草坪上踢球的儿童，偶尔看到球从旁边的土坡上快速滚下，就改变了场地，反复将球滚下土坡，并拼命追逐去踢前面滚动的球，一旦踢到，就大喊："我赢了！"询问幼儿们，他们发现：在土坡上，不仅球跑得更快，人也可以跑得快一些，而且，比在草坪上舒服、省力气。这类儿童游戏中的事例不胜枚举。

学校的教师们应该在儿童游戏时，为他们提供丰富化、多样性的材料，具有情境性和生活化的环境，和谐的人际关系，支持、鼓励幼儿在游戏中不断思考和学习，同时也不断增强游戏活动的快乐和幸福感。

第四章 对儿童文化危机的现象学描述

对于儿童及其教育的研究从古代就已开始。在此过程中，人们逐渐认识到童年有其自身的地位和价值。20 世纪初，在美国人克里斯蒙的带动下，儿童学作为一门研究儿童本体及其发展的纯科学风靡欧洲。在 20 世纪 20 年代，中国也出现了儿童学的著作。但之后由于第一次世界大战和苏联在意识形态领域的批判，儿童学研究被迫停止。至 20 世纪 60 年代，法国人阿里耶斯展开了对近代家庭、儿童观的形成历史的开拓性研究，促成了儿童学研究从自然科学向人文社会领域的学术研究范式的转换。世纪交替之际，伴随着社会信息化、全球化、国际化的发展，青少年儿童的身心健康受到越来越多的有形侵害或无形影响，这相应地引起了各国研究者们的重视。2004 年至 2005 年，美国人波兹曼的《童年的消逝》、英国人帕金翰的《童年之死》等著作引起了人们对电子媒体时代儿童的“成人化”及对儿童丧失自己的独特性并失去自己的地位和价值的警觉和担忧。

我国对于儿童及儿童文化的研究，是 20 世纪 80 年代才慢慢兴起的。自波兹曼等人发出童年之死的呼吁以后，21 世纪相关研究有所增加，国外的相关研究成果也不断被引进和借鉴。目前，对儿童文化的研究包括儿童文化的概念、特点、生成，儿童文化与成人文化的关系以及儿童文化的发展现状等；儿童文化的研究趋势主要包括：研究方法上有待丰富和完善，对内涵的研究有待进一步拓展，对儿童文化与教育的研究有待进一步丰富。在发现儿童、尊重儿童和理解儿童的基础上，如何教育儿童，以真正实现文化哲学的理想“儿童文化的发展和儿童的发展是一致的，儿童文化是永远处于儿童的自觉即自我意识的(自为的)过程之中的儿童建构自我的活动；在建构中，儿童实现一个人的主体性价值，最终实现其优化和解放”是儿童文化研究的核心。

师范类院校作为社会传播先进儿童文化的示范者、引领者和创造者，作为直接培养儿童教师的摇篮，理应率先承担起发现儿童、尊重儿童和理解儿童，特别是教育儿童的重任；并且应该把儿童文化的建设和展示作为其经常的、稳定的、本质的表现。因此，本书将以师范类院校儿童文化建设作为重点来探讨整体的儿童文化的建设。

由于社会历史和文化背景以及教育本身的问题，儿童文化在社会和学校中都面临生存和发展的危机。

第一节 社会中的儿童文化危机

案例1①：中国为何女童性早熟？

国际权威杂志2011年发表中国学者研究，首次报道了肠道菌群参与性早熟的发病过程。上海中医药专家提出预防早熟注意事项与中药治疗药方。欧盟认为含双酚A的奶瓶会诱发性早熟，从2011年3月1日起，禁止生产含化学物质双酚A(BPA)的婴儿奶瓶。一些奶厂在盲目提高奶牛产奶量的情况下，会使用激素药品。显然，这类"食品"会对自然状态肠道菌群造成潜在干扰危害，它们可能含激素或类激素成分，为了孩子们的健康，无论是在家里还是在学校，必须远离这类"食品"！根据2011年的报道，中国内地儿童早熟发病率，从十年前的0.5%到现今的5%，也呈现快速增长趋势。2004年的研究表明，性早熟女童的骨骼发育加速、成熟提前，且病情越重，其加速、提前的程度越严重。中国足协2011年对3 306名少年球员测骨龄，结果显示：有690名占大约20%球员的骨龄超过实际年龄，最多超过实际年龄3.8岁。"最多超过实际年龄3.8岁"与早熟女童提前成熟程度类似，是否揭示了男童中早熟的实际比例比目前单纯以其他方面性特征检测出的早熟男童比例更高？

女孩性早熟危害：

(1)卵巢发育有一定规律性，女性一生卵子的数量是一定的，生育能力只有三四十年，卵巢这么早就开始发育、排卵，以后卵巢会有早衰的问题。

(2)性征提早出现的同时，往往伴随有骨骼生长的加速，暂时看起来比同年龄的儿童长得快、长得高，但由于其骨骺提前融合，所以最终身高往往比正常人矮小，这对孩子的正常发育并不利。

(3)性早熟对孩子整个人生的成长道路都会产生非常大的影响，如会让孩子感到很自卑等。性早熟严重影响孩子的身心健康。由于其青春期提前，性征提早出现，在女孩往往还在上小学的年龄就出现乳房发育症状，甚至月经来潮，此时孩

① 陈一文．中国为何女童性早熟？[DB/OL]．新浪网，2012年4月9日．

子的智力和性心理尚未成熟，生活上还不能完全自理，容易引发多种问题。而且性早熟的孩子可能因自己在体型上与周围小伙伴不同，而产生恐惧和不安，影响其正常的生活与学习，因此也给家长造成了精神上和照料上的负担。

(4)性早熟女孩成年后“患乳房癌与子宫癌的风险提高……因为这些女孩子更长时间暴露于雌激素”。

关于中国孩子的2004年的报告：中国儿童性早熟平均发病率是1%；广州儿童“性早熟”发病率已由10年前的0.5%上升至1.3%；广州孩子进入青春期的年龄由原来的平均13岁普遍提前到11岁。总之，中国孩子在十年内性早熟的人数比例增长了十倍。

案例2[①]：儿童时尚“成人化”：潮流危机

走过各大百货商场里的童鞋、童装专柜，都不难发现一个现象——童鞋、童装的“成人化”市场气息严重。

高跟鞋、长筒靴、尖头鞋、窄高跟、鱼嘴鞋、罗马鞋、皮鞋等一系列男女童鞋系列；蕾丝裙、束裤、露背裙、吊带裙、小披肩、紧身裤等一系列“性感”成熟的男女童装系列等早已不足为奇，“成熟”“性感”“潮流”早已取代了“童真”“可爱”“天使”的专有形象感。儿童时尚早已被“成人化”了，年轻时尚的妈妈们，总是将眼光聚焦在那些“缩小版”的成人时尚潮鞋潮服，成人化的鞋款、成熟的色彩搭配及各种搭配挂件。殊不知，童鞋、童装“成人化”的时尚背后隐藏着各种各样的“危机”！

现象一：追求潮流，儿童时尚被“成人化”

不可否认，儿童穿“微缩版”成人鞋这一现象的产生与消费市场的需求有一定的关系。现下年轻的妈妈为了追求时尚、追赶潮流，从儿童的服饰到儿童的鞋款，都在追求成熟的款式与色彩。特别是在目前市场上的亲子装、母女装、母子装的潮流推动下，年轻妈妈都会为儿童选择与自己款式相似的服饰、鞋款来搭配，常见的鞋款有小高跟类的皮靴、儿童款的雪地靴、鱼嘴鞋、皮鞋等潮鞋，这使儿童的时尚被“成人化”所捆绑。

而商家也乐于此道，在鞋款的设计上，直接把成人版的款式稍微修改，既潮流美观，又符合大部分追求潮流的消费者需求。另外，在鞋子上加一些金属类的饰品等手法也是厂家吸引儿童、妈妈等消费者眼球的手法之一。而在色彩搭配上，炫酷的黑白搭配、成熟喜庆的大红色等成熟色彩都是厂商青睐的颜色。

---

① Elaine. 儿童时尚成人化：潮流危机[DB/OL]. 中国童装网，2014年11月27日.

如此，儿童时尚的成人化在双重压力的驱迫下，被“成人化”、被“微缩版”。

现象二：时尚的背后，品质与安全存在隐患

在潮流与时尚的背后，人们都选择性地忽略品质与安全的因素。市面上，儿童鞋的品质其实很让人担忧，有近半成的鞋子是不符合儿童脚型发育健康的。大部分儿童鞋的鞋楦都是直接参考成人鞋的鞋楦后，投入儿童鞋生产。从楦型上而言，它既不符合中国儿童的脚型发育状况，也不符合人体生物力学，鞋头过尖、后跟过高、鞋帮过高等款式都不具备儿童脚踝、脚型发育的保护性能。另外，在外形和选材方面，“成人化”的儿童鞋、服饰大部分搭配有一些金属类的饰品，殊不知，儿童因为好动，运动量比成人更多、更大，在运动过程中，这些所谓的时尚的金属圆圈、链条饰品则会成为儿童运动中的危险因素，绊倒、钩住周边的游戏区材质导致摔伤等现象也属常例。再者，在材质的选择上，特别是这类成人化的鞋款中，所采用的材质透气性、鞋底的弹性较差，都易造成脚踝损伤、拇指外翻、扁平足、高足弓等健康隐患并延伸到身体的其他部位，如膝关节、髋关节等。

现象三：成人化的隐性观念驱使，致“小”人穿“大”鞋现象普遍

儿童鞋“成人化”还表现在“小”人穿“大”鞋这一普遍现象。儿童的脚部发育较快，很多家长为了省钱省事，通常在给孩子选鞋时都会选择大一码，甚至大两码的鞋款，他们的理由更多的是“孩子的脚长得很快，选大一码，省得老买鞋……”“现在儿童鞋都比成人鞋还贵，选择大一码，不用总换鞋”。

而小人穿大鞋的另一个普遍现象就是家长也常给孩子穿哥哥姐姐穿过的旧鞋子，这样的鞋子一般不是太大就是太小。而孩子长期穿着不合脚的鞋，会形成不良的走路姿势和习惯，且因为儿童缺乏准确的语言表达能力，家长常常忽略孩子穿着是否合脚、穿着舒适感等问题。

这是一组来自全球权威机构的统计数据：人类在正常行走、跑步及跳跃时，每天每只脚要承受大约100吨的压力。全球约有四分之一的人饱受脚疾的困扰。美国疾病预防控制中心的统计数字显示，几乎一半的美国人有脚部疾患；在英国，每年约20万人接受脚部治疗。

根据《中国青少年儿童脚型数据库》对国际国内数据的研究报告，中国儿童不健康脚型也达70%以上，我国是足疾高发国家，且畸形脚发生率逐年增加，并严重趋向低龄化。这两组数据无疑给国人敲响了警钟：关注脚部健康，提高脚部防护、保健意识，尤其是对儿童，迫在眉睫！

案例 3[①]：儿童读物"成人化"引人忧，建议引导读好书

现代教育报"儿童读物成人化"，这一话题在媒体的强烈关注下，日益发酵，学校、家长和专家从不同视角给出了自己的见解。记者走访北京市几家大型书店后发现，孩子们最爱看的漫画、小说里多涉及"暴力""情感""性"等成人话题。北京市西城区太平街小学校长王葳表示，"这种情况的原因之一在于孩子的选择面太窄。"

儿童读物涉及"暴力""情感"

2013 年 3 月 26 日 16：30，记者来到王府井新华书店发现，孩子们最爱看的读物类型是"动漫"，科普读物、少年百科及儿童文学则看者寥寥。在书店动漫专区的窄小走廊里一直聚集着四五个聚精会神看书的孩子，而别的专区几乎没有孩子的身影。

在动漫专区，一个小学五年级的女孩倚在书架旁看漫画《阿衰》，她穿着有北京市东城区某小学标志的校服、戴着红领巾、背着书包、提着饭盒，已经站了一个多小时依然精神饱满，不时发出咯咯的笑声。"这个特别好玩，我同学都流行看这个"，她告诉记者。

记者随手取了本《阿衰》来看，里面的主人公阿衰是个为人张扬轻浮、缺少稳重、好胡思乱想、总奢望天上掉馅饼的人。吸引孩子的地方在于阿衰的好吃懒做而制造的一系列爆笑情节。

随手翻了几页，全书涉及恶作剧、暴力、谩骂及成人话题的情节较多。比如涉及成人"拉关系"的话题，阿衰生日请客时说："本来不打算请庄库的，可是老爸说要借此机会和庄库的局长老爸套近乎！唉！"有的情节还涉及浅层的性话题，比如阿衰的同学说："哇！阿衰你带来的那本《性知识手册》，真是受同学们欢迎啊，好多人都想看，书都不知道借哪儿去了。"

而在"青少读物"专区里，记者发现有很多涉及青少年情感话题的小说，比如《同桌冤家》《菠萝女孩项心仪：毕业前的秘密约定》《蔷薇少女馆》《盛夏的幸福时光》《同桌薄荷糖女孩》等。

记者翻开《同桌薄荷糖女孩》，发现它讲述的是初一男孩小田喜欢上了甜美如薄荷糖的同桌女孩，讲述他们纯真的情感、离别及大学再次相遇的情感故事。

孩子爱恐怖小说　家长忧心

在中国最大的图书商城——当当网上，记者搜索出一份"小说类图书的搜索量

① 网易教育频道综合．儿童读物"成人化"引人忧，建议引导读好书[DB/OL]．网易，2013 年 4 月 22 日．

排行榜”，排名前三的分别是《盗梦笔记》、东野圭吾和张小娴。

记者点击进入《盗梦笔记》的页面，一共成交6520笔，根据购买者的评价留言，记者发现读者多为正在上小学高年级或中学的孩子。孩子们表示特别喜欢。一个初三的孩子8天就看完了全套，在留言第6页，有用户写道：“嗯，很好。书到了俄(我)无聊就开始看。然而就看得一发不可收拾。初三党8天看完了。”

一些家长却留言表态此书除了悬疑和恐怖外，没有更多价值。在留言的第324页，有家长用户表示，“儿子喜欢的书，作为六一礼物购买送他的，看他看得津津有味，我也看了一下，除了恐怖和悬疑之外，没有太多的感受。”

还有人为孩子爱看小说胜过课本表示担忧，留言“妹妹超爱，她看这比看课本用心啊……”

……

案例4[①]：2岁男童不会吃糖会吸烟　动作熟练骂脏话雷人

在某网站的论坛上，一个名为“周家坝实拍两岁老烟枪”的帖子引起轰动，当地一名两岁多的小男孩儿熟练地吸烟、骂脏话雷倒不少网友。这段长达四分半钟的视频是一名网友十天前发布的，声称是在万州周家坝实录，视频里面一名两岁多的小男孩坐在一辆大人的摩托车前部，在一群成年人一阵“烧起”的起哄声中，开始表演点火抽烟。只见小孩麻利地取下夹在耳朵上的香烟，右手拿烟左手拿起打火机去点，可能是因为手上的力气不够，第一下没有把烟点着。于是小孩干脆把烟直接叼在嘴里，双手抱住打火机来点。点着以后，他又使劲地吸了两口，然后才将烟夹在右手的食指与中指间，得意洋洋地在大人面前抽起来。

他的表现赢得了旁边大人们阵阵喝彩，没有人上前劝阻，都兴奋地看着表演。听到小孩口里吐出清晰的“好××耿直”“飞××辣”等脏话，更叫众人大笑不已。甚至有人还继续用“雀雀是做啥子用的?”“你的马子也?”等带有色情的言语去挑逗小孩。

小孩子抽烟时的动作、神态恰似一杆“老烟枪”。整段视频中，他将一支烟抽去近一半，吞吐的架势，看起来很享受，完全可以让人们忘记他的年龄。随后，旁边有人递给小孩一颗糖作为奖励，可他双手怎么也剥不了糖纸，明显不如抽烟来得熟练，只得用牙乱咬一通，方露出其孩童本色。

案例5[②]：儿童成人化　谁之过?

承上例，两岁的小孩子还不会自己剥糖纸，倒先学会了点起香烟吞云吐雾，

---

① 2岁男童不会吃糖会吸烟　动作熟练骂脏话雷人[N]. 重庆晚报，2009年2月3日.

② 儿童成人化　谁之过?[DB/OL]. 中国早教网，2009年6月18日.

这让儿童成人化的话题再一次成为网友热议的焦点。“在厕所时间长短不能代表这人是办大事还是办小事”，这是《家有儿女》中刘星的一句台词。这小大人般的一句台词，在达到喜剧效果的背后，也将现在儿童成人化的现象表露出来。

小小孩儿说大人话

妮妮：5 岁，典型言论：妈妈好性感

还在上幼儿园的妮妮经常陪妈妈逛街，而且还很会帮妈妈选衣服，妮妮自己也非常爱打扮。有一次，妮妮和妈妈一起逛商场，妈妈试一件新上市的韩版大衣。妮妮看了后，嚷嚷着说：“妈妈一定要买哦，你穿着好性感啊！”

一帆：12 岁，典型言论：我打人了，快带钱来处理

已经上六年级的一帆眼看着就要升初中了，可他不但不抓紧时间学习，还经常在学校惹事，和周围的同学打架。

一次，一帆的妈妈接到一帆打来的电话：“妈，我打人了，你快带 2000 块钱来处理一下吧！”就此，记者了解到，一帆的父母是经营酒楼的，平日里要是出了什么状况，他们就给认识的朋友打电话：“我这里出什么什么事了，你快过来处理一下吧！”

宇翔：8 岁，典型言论：给我去学校公关公关

上小学二年级的宇翔，有天放学回家后突然对妈妈说：“妈妈，你得给我去学校公关公关！”“公关？”妈妈很疑惑。宇翔接着说：“爸爸不是经常给叔叔们打电话，让帮忙公关嘛，吃饭啦，送卡什么的；今天我看到有同学家长给老师送手机，你们也得去给我公关一下！”

小小孩儿办大人事

淘淘：4 岁，典型行为：妈妈，这个送给你的儿媳

王女士的朋友从美国给她带回一个漂亮的发卡，4 岁的儿子淘淘见后说：“妈妈，这么漂亮的发卡你可不能带，你得当纪念品送给你未来的儿媳！”妈妈笑着问：“我的儿媳在哪儿？”淘淘说：“我明天就给你带回来！”

妈妈一笑置之，认为孩子只是开玩笑。谁知第二天，王女士接到淘淘一个同学的家长打来的电话，说淘淘不让她的女儿回家，非要带着小女孩去见王女士。王女士驱车赶到幼儿园后，淘淘上来就问：“妈妈，这是你的儿媳，那个美国发卡带来了吗？”

蓓蓓：9 岁，典型行为：我化妆，我漂亮

从小，妈妈就让蓓蓓去学拉丁舞，拉丁舞是要穿超短裙、高跟鞋、紧身衣，还要化妆。时间长了，蓓蓓的拉丁舞已经练得相当好了，同时，她也更看重化妆

和打扮的技巧了。现在，才上小学三年级的蓓蓓平时已经开始化妆，穿高跟鞋、超短裙了。

小可：8 岁，典型行为：学爸爸巴结领导

8 岁的小可今年上二年级，他爸爸是一家企业的部门经理，所以小可经常收到别人送来的礼物。小可在家里挺“霸道”，全家人都围着他转。在班上，小可也常常欺负别的同学，但唯独对一个同学“礼让”三分，这个同学，就是爸爸上级的儿子小豪。

一次，小可被小豪打了一巴掌。但那次，小可一声不吭地忍了，回来后也没跟家人讲，只偷偷告诉了表姐。原来，小可的爸爸平时对领导就是一副点头哈腰的样子，小可学样，也经常去巴结小豪，变成势利眼了。

孩子受的熏陶超过了接受能力

济南电台心理热线、国家二级心理咨询师杨清表示，造成儿童成人化的原因是多方面的。

首先，社会性的影响不容忽视，这也成了一个老生常谈却总不过时的话题。随着电视节目的增多、电脑的普及、手机上网的便利，可以说媒体的声音无处不在。但是，在这些信息传播的过程中，在孩子接触到的事物中，有多少是适合孩子的，多少是不适合的，却没有一个准确的定论，更没有一个严格的划分。成人社会诸多负面的信息，冲击着孩子的童真。这就造成了孩子全方位地接收社会带来的信息，使孩子所受的熏陶超出了孩子原本的接受能力。

另一方面，现在一些小孩子的家长，差不多都是 20 世纪七八十年代出生的，这一时期的家长可以说是比较复杂的，其中独生子女占很大比例，小的时候娇生惯养，现在虽已成年但并未“成人”。因此，在对孩子的教育上存在一些问题。家长的所言所行都不避讳孩子，当着孩子的面打电话找关系，当着孩子的面想说什么就说什么。孩子是父母的影子，两三岁后，孩子模仿能力很强，他们都是按照成人所提供的环境去模仿学习的。

济南市市直机关幼儿园的李老师说，幼儿园小朋友之间的影响也不容忽视。每个孩子的生长环境不同，他们在学校的表现也各异，相互间肯定会有所影响，其中，会有积极的影响，但也不乏一些不适合孩子成长的东西。

孩子做小大人是在适应社会

孩子说大人话、办大人事是聪明、早慧的表现，家长应该鼓励孩子向成人化方向发展。

伪装、不诚实，都是孩子适应社会的一种表现，如果是善意行为，不必太担心。

这些现象并不会影响孩子的成长，反倒能更好地促进孩子以后与社会的对接。

杨清说，在她接触的相关案例中，很多家长以自己的孩子会说"大人话"、会做"大人事"而津津乐道，他们觉得孩子这样很好玩，甚至出于亲情动机还夸奖一下孩子："看我家宝宝像个小大人似的！"

其实，家长的这种行为正是从侧面对孩子的一种鼓励，孩子并不完全理解其中的含义，因此为了再次获得表扬，孩子便会继续模仿。直到孩子上学后，在学业或与他人的交往中出现问题时，家长才开始紧张。所以，当家长发现孩子行为或语言上表现得像成人时，更要对孩子进行正确引导，让孩子明白什么事该做什么事不该做……

以上类似的案例，不管是在纸质的、电子的媒体上，还是在现实生活中都不胜枚举。如今，离美国人波兹曼喊出震惊四方的童年要消逝的预言已经过去了十几年，他强调的是通过电视和网络媒介，成人世界的战争、暴力、混乱正源源不断地入侵儿童世界，儿童被迫提早成年，即心灵和精神上的被成年。相应地，儿童文化也在被成人文化侵蚀、占据，逐渐丧失自我。从以上案例可以看出，童年一直都处于危险之中，从身体到心灵和精神，状况没有什么改善，周围岂止是电子媒体的侵害，从吃的、用的、穿的、看的等方面早就全面开花，到处危机四伏，而且变本加厉。波兹曼的《童年的消逝》中译本出版的时候，在后书皮印有中国著名学者周国平的话："中国当今的现实是，不但电视文化，而且印刷文化，两者共同导致了童年的消逝，因而消逝得更为彻底。"从文化哲学的立场来分析周国平的观点，文化的本质和人的本质是一致的，文化出了问题，人肯定出问题。文化是整体性的，周国平只提及了电视和印刷文化，如果儿童整体的文化及其环境都出了问题，儿童的消逝不但更为迅速，而且更为彻底。

如上所述，波兹曼的《童年的消逝》对我国学者具有深刻而广泛的影响，使我们关注到自身社会的童年危机。国内学者在受到欧美学者的启发和促进后，展开了对童年遭受异化现状的揭示与反思。早在 2000 年，卜卫就指出我国童年危机的特殊性。她认为①，童年概念在北美国家和欧洲既是社会理念也是一种社会事实。然而，在我国，童年概念并未成为一种普遍的社会事实，而只是少数知识分子头脑中的社会理想。我国儿童的生存、发展和教育等方面还存在较多的问题。儿童成人化现象是指儿童在生理尤其是心理上超越了其实际年龄和界限，表现出近似

---

① 卜卫．捍卫童年[J]．读书，2000(3)：45-50.

成人的倾向和特征。儿童成人化是由“外”到“内”的成人化，包括外表、语言、观念、需求欲望、行为等方面。多年前很多学者就达成了共识：早期教育中，主要的问题在于违背儿童的内在天性，无视儿童的需要和发展的原发性，一味夸大儿童的能力，催促儿童的成长，结果是不仅会剥夺童年期的欢乐，甚至会窒息儿童的好奇心、主动精神和创造力，窒息儿童的天性。这些问题出现的根本原因在于对童年期的本质和价值缺乏正确认识。“童年”的概念受到了挑战，童年的意义正远离儿童。“为未来做准备”的教育使儿童今天的生活成为遥远的未来的牺牲品，儿童被迫过早成熟、过早成人化。如此恶性循环，愈演愈烈。

只要我们不断地追问与思考，最终能对童年成人化的愈演愈烈的问题有个相对清楚的认识。笔者具有一定的社会经验，在大学从事教育教学、科学研究 10 年，一直都与中小学、幼儿园的一线教师有联系，在日常生活中的所见所闻、所思所想，都在为上述观点提供证据和解释。笔者也努力更深入地描述、分析和反思一些社会现象，以便能进一步认清问题和解决问题。

一、对社会中儿童文化所面临问题的思考

(一)对视频“两岁小孩是‘老烟枪’”中问题的思考

我上网找出“两岁小孩是‘老烟枪’”的视频观看了一遍，得出了以下感受：

看到男孩的第一眼，这个孩子沉稳的样子占据我的双眼，他身上老练、成熟的气息扑面而来，瞬间让我的内心堵得难受，觉得呼吸不畅、不舒爽。直到最后那孩子用牙对糖乱咬一通呈现出的孩童本色方让我好受一些。我喜欢看到孩子天真活泼、嬉戏玩乐、开怀大笑、活蹦乱跳、追逐打闹的样子。那些旁观的成人看到两岁的小孩抽烟很轻松、很开心，还教小孩子说脏话和往色情的方面去想，为什么？为什么他们会把怂恿一个两岁的孩子抽烟当成这么高兴的一件事情？这个孩子抽烟，他的父母知道吗？如果知道，为什么不阻止？

我国著名儿童文学作家丰子恺先生在《给我的孩子们》①一书中描述道：

我的孩子们！我憧憬于你们的生活，每天不止一次。我想委屈地说出来，使你们晓得。可惜到你们懂得我的话的意思的时候，你们将不复是可以使我憧憬的人了。这是何等可悲哀的事啊！

瞻瞻！你尤其可佩服，你是身心全部公开的真人。你什么事情都像拼命地用全副精力去对付。小小的失意，像花生米翻落地了，自己嚼了舌头了，小猫不肯

① 丰子恺．给我的孩子们[M]．北京：海豚出版社，2014.

吃糕了，你都要哭得嘴唇翻白，昏去一两分钟。外婆普陀去烧香买回来给你的泥人，你何等鞠躬尽瘁地抱他，喂他；有一天你自己失手把他打破了，你的号哭的悲哀，比大人们的破产、失恋、broken heart（心碎）、丧考妣、全军覆没的悲哀都要真切，两把芭蕉扇做的脚踏车，麻雀牌堆成的火车、汽车，你何等认真地看待，挺直了嗓子叫"汪——""咕咕咕……"来代替汽笛。宝姐姐讲故事给你听，说到"月亮姐姐挂下一只篮来，宝姐姐坐在篮里吊了上去，瞻瞻在下面看"的时候，你何等激昂地同她争，说"瞻瞻要上去，宝姐姐在下面看！"甚至哭到漫姑（注：作者三姐）面前去求审判。我每次剃了头，你真心地疑我变了和尚，好几时不要我抱。最是今年夏天，你坐在我膝上发现了我腋下的长毛，当作黄鼠狼的时候，你何等伤心，你立刻从我身上爬下去，起初眼瞪瞪地对我端相，继而大失所望地号哭，看看，哭哭，如同对判定了死罪的亲友一样。你要我抱你到车站里去，多多益善地要买香蕉，满满地擒了两手回来。回到门口时你已经熟睡在我的肩上，手里的香蕉不知落到哪里去了。这是何等可佩服的真率、自然，与热情！大人间的所谓"沉默""含蓄""深刻"的美德，比起你来，全是不自然的，是病的、伪的！

丰子恺先生眼中的孩子，是身心全部公开的真人，什么事都要拼命地用全副精力去对付。他们的生活和精神，跟大人的"沉默""含蓄""深刻"相比，具有让人无尽佩服的真率、自然、热情。

我国著名作家老舍先生在他的《有了小孩以后》①一文中写道：

家庭之累，大半由儿女造成。先不用提教养的花费，只就淘气哭闹而言，已足使人心慌意乱。小女三岁，专会等我不在屋中，在我的稿子上画圈拉杠，且美其名曰"小济会写字"！把人要气没了脉，她到底还是有理！再不然，我刚想起一句好的，在脑中盘旋，自信足以愧死莎士比亚，假若能写出来的话。当是时也，小济拉拉我的肘，低声说："上公园看猴？"于是我至今还未成莎士比亚。小儿一岁整，还不会"写字"，也不晓得去看猴，但善亲亲，闭眼，张口展览上下四个小牙。我若没事，请求他闭眼，露牙，小胖子总会东指西指的打岔。赶到我拿起笔来，他那一套全来了，不但亲脸，闭眼，还"指"令我也得表演这几招。有什么办法呢？

这还算好的。赶到小济午后不睡，按着也不睡，那才难办。到这么四点来钟吧，她的困闹开始，到五点钟我已没有人味。什么也不对，连公园的猴都变成了臭的，而且猴之所以臭，也应当由我负责。小胖子也有这种困而不睡的时候，大概多数是与小济同时发难。两位小醉鬼一齐找毛病，我就是诸葛亮恐怕也得唱空

① 老舍．有了小孩以后[J]．谈风，1936．

城计，一点办法没有！在这种干等束手被擒的时候，偏偏会来一两封快信——催稿子！我也只好闹脾气了。不大一会儿，把太太也闹急了，一家大小四口，都成了醉鬼，其热闹至为惊人。大人声言离婚，小孩怎说怎不是，于离婚的争辩中瞎打混。一直到七点后，二位小天使已困得动不得，离婚的宣言才无形地撤销。这还算好的。遇上小胖子出牙，那才真叫厉害，不但白天没有情理，夜里还得上夜班。一会儿一醒，若被针扎了似的惊啼，他出牙，谁也不用打算睡。他的牙出利落了，大家全成了红眼虎。

老舍先生对儿女的描述，也跟丰子恺先生在本质上相似。

印度著名诗人泰戈尔在诗集《新月集》里写道①：

孩子的世界

我愿我能在我孩子自己的世界中心，占一角清净地。

我知道有星星同他说话，天空也在他面前垂下，用它呆呆的云朵和彩虹来娱悦他。

那些大家以为他是哑的人，那些看去像是永不会走动的人，都带了他们的故事，捧了满装着五颜六色的玩具的盘子，匍匐地来到他的窗前。

我愿我能在横过孩子心中的道路上游行，解脱了一切的束缚；

在那儿，使者奉了无所谓的使命奔走于无史的诸王的王国间；

在那儿，理智以它的法律造为纸鸢而飞放，真理也使事实从桎梏中自由了。

我国著名翻译家郑振铎先生翻译了《新月集》。他在译者自序中写道：

我喜欢《新月集》，如我之喜欢安徒生的童话。安徒生的文字美丽而富有诗趣，他有一种不可测的魔力，能把我们从忙扰的人世间带到美丽和平的花的世界、虫的世界、人鱼的世界里去；能使我们忘了一切艰苦的境遇，随了他走进有静的方池的绿水、有美的挂在黄昏的天空的雨后弧虹等等的天国里去。《新月集》也具有这种不可测的魔力。它把我们从怀疑贪望的成人的世界，带到秀嫩天真的儿童的新月之国里去。我们忙着费时间在计算数字，它却能使我们重又回到坐在泥土里以枯枝断梗为戏的时代；我们忙着入海采珠，掘山寻金，它却能使我们在心里重温着在海滨以贝壳为餐具，以落叶为舟，以绿草的露点为圆珠的儿童的梦。总之，我们只要一翻开它来，便立刻如得到两只有魔术的翼膀，可以使自己从现实的苦闷的境地里飞翔到美静天真的儿童国里去。

看到这里，联想到自己的孩童时代和跟儿童打交道的经历，觉得儿童和儿童

---

① (印)拉宾德拉纳特·泰戈尔．新月集　飞鸟集[M]．郑振铎，译．上海：华东师范大学出版社，2016.

国就是“美静天真”的，能够让成年人洗净铅华、抛却名利，回归人性的自然和纯真。丰子恺先生在文中所述的小儿给凳子穿上袜子；泰戈尔的在海滨以贝壳为餐具、以落叶为舟、以绿草的露点为圆珠的儿童的梦正是人们通常所说的儿童的精神世界“泛灵性”“拜物教”的典型表现，是儿童的自然、朴素的天性。从我们的生活经历和心理来看，人类是喜欢和留恋童年的。这种天然的本能的个性一直表现或隐藏在我们的身体和心灵、行为和思考中，只是我们自己有时浑然不觉。所以，我对这个才两岁就是老烟枪的孩子的成熟、老练本能地感觉不舒服。因为这孩子的表现在很大程度上颠覆了我心灵深处的儿童的本真个性。那些旁观的成人把怂恿和观看一个两岁的孩子抽烟当成是那么高兴、轻松的一件事情，因为在他们的内心里，一个两岁的孩子本不该是这样的，觉得稀奇；再说，趋乐避苦也是人的本性，所以他们拿孩子抽烟逗乐，甚至变本加厉教骂脏话和开色情玩笑；更严重的是，这些人缺乏对儿童和童年本性的认识、理解和尊重，所以他们无意中成为孩子成人化的推手。在社会中，这样素质不高的推手很多。这孩子的父母是什么人已无从考证。但如果他们还活着，肯定的一点是，他们在现有的成人化背景下，不知道孩子应该是什么样的，不知道如何让孩子受更多的保护和教育。

(二)对动漫电视连续剧《果宝特攻》中问题的思考

动漫电视连续剧《果宝特攻》讲述了水果们凭借先进的武器战胜坏人、为民除害的故事。

我找到第二部的第 1 集《开学第一天》和第 36 集《鸳鸯蝴蝶炮》的视频观看。以下是第 1 集《开学第一天》中的一段对话：

方丈：唉！就是因为你们三个，才让我很担心明天的招生情况。因为你们三个的所作所为在水果世界的影响实在是太恶劣了。就是因为你们整天打打杀杀，被别人投诉你们太暴力了。

果宝男特攻 1：难道为了保卫我们的家园，为了拯救我们的水果村民，也不能够对敌人使用武力吗？

果宝男特攻 2：唉！橙留香，你不要解释啦！解释就是掩饰。

方丈：菠萝吹雪，被投诉最多的就是你。

果宝男特攻 2：啊！我有什么问题啊？我是最少使用暴力的啦！凡是可以用金钱解决的问题，我都不会使用暴力的。

方丈：哼！就是你这种拜金主义被投诉得最厉害。

果宝男特攻 2：啊！这，这冤枉啊！方丈，普通人没有达到我的境界，而对我的人生哲学产生了误读，这我可以理解，可是方丈，您可是世外高人啊！您没有理由不明白我的呀！

果宝男特攻3：方丈，像我这样傻傻乎乎的，应该没有什么坏影响吧？

方丈：哼！你的影响最恶劣！就是你，陆小果，搞得全世界的小朋友都不会数数啦！还有，你成天在那里念什么歪诗啊？

果宝男特攻3(悲伤地)：方丈，你可以侮辱我，但是不能侮辱我写的诗。……乱起八糟？唉！世人笑我太疯癫，我笑世人看不穿，不许一两二三四，不如回家去种田。

恶劣、暴力、“解释就是掩饰”“凡是可以用金钱解决的问题，我都不会使用暴力的”“你这种拜金主义被投诉得最厉害”“普通人没有达到我的境界，而对我的人生哲学产生了误读”“侮辱”“世人笑我太疯癫，我笑世人看不穿，不许一两二三四，不如回家去种田”，这些词句超出了3～12岁孩子的理解的范围和能力，是成人语言和理智在儿童世界不合时宜的显现。

第36集《鸳鸯蝴蝶炮》的故事情节是大魔头东方求败和三个果宝女特攻比武，正在果宝女特攻即将输掉比赛而按比赛规则要进入熔浆自焚的时候，三个果宝男特攻复活了，凭借升级的黄金机甲神勇出击，解救了三个女特攻，并在其配合下暂时战胜了东方求败。之所以叫鸳鸯蝴蝶炮，是因为三对男女果宝有恋爱情义。

其中有如下的片段：在比赛的过程中，当东方求败暂时打赢的时候，忍者学院的水果们高呼：东方教主赢了，跳下去跳下去(指要果宝女特攻们跳到熔浆里去)。当三对果宝鸳鸯们胜利的时候，水果们又高呼：果宝特攻万岁！旁边果冻女子学院的院长天山果姥说：你们变得也太快了！

我看到该片段的感受：在一片沸腾的熔浆上面，是激战的双方，还有激战双方上面围观的水果村民。那片熔浆虽不像熊熊烈火，但冒着耀眼的流动的火光，是东方求败获得取之不竭的能源的地方，因而蕴藏着巨大的能量，让人看着就毛骨悚然。鲜活的果宝女特攻在正义的支撑下，英勇顽强地同比她们的身体高几十倍的东方求败对抗，看着让人心疼和担忧不已。而当她们暂时失败的时候，她们舍命要保住的水果村民们却倒戈到了敌人那边；当她们在同伴的帮助下胜利了，水果村民又立马赞扬她们。这个片段特别触动我。那片让人觉得极为胆战心惊的熔浆宣扬的是：你是失败者、是弱者，得到的惩罚不但是失去生命的代价，而且伴随着惨烈的精神的折磨。当一方胜利的时候，水果村民们倒向胜利的一方。他们甚至可以置本是救命恩人却暂时输掉的一方的生死于不顾，并且起到了推波助澜的作用。

不管是成人化的外表显现、语言和理智的运用，还是错误价值观和处世观对儿童潜移默化的熏陶，都说明了成人文化对儿童文化世界强势地侵蚀、渗透和占有，儿童还弱小，对这种入侵基本只能被动地接受。除暴力和性爱等对儿童的不良影响外，成人的错误价值观和处世观对儿童及儿童世界的影响更加恐怖和深远。

英国的帕金翰在《童年之死》中认为："文化——就像是童年——在这儿典型地被定义为一个纯洁的、像伊甸园似的地方，是正面的道德和艺术价值的源泉，是充满了'想象'与'纯真'的地方，现在却被商业的死亡之手逐渐侵入，而遭到破坏了。"他接着引用了加拿大学者斯蒂芬·克里尼《走出乐园》中的例子和观点[①]。克里尼认为儿童文化的商业化从根本上摧毁了童年的传统行为及经验。他指出："电子媒体的出现好像破坏了传统的健康快乐的童年概念：全神贯注的街道玩耍、同辈人之间的交谈以及在公园中游来荡去等，这些与快乐的童年有联系的经历现在都好像不存在了。"克里尼认为，维多利亚时代的人具有丰富的感情结构，没有被束缚的想象力，当代的电视则因为缺乏那个时代的人的"心理深度""活力""纯洁性"而备受指责，儿童文学的"品质、崇高的价值观、高尚的情感和宽广的视野"，在"夸张的""重复的""可预测的"大量倾泻的电视节目中是缺乏的。

我想起小时候发行的或看过的那些儿童动画片，它们是那个时代的儿童生活的缩影。1952 年发行的上海美术电影制片厂的《小猫钓鱼》在 50 年代初期曾被全国许多小学作为新生入学的必修教材。黄淮作曲的影片主题歌《劳动最光荣》深受广大少年儿童喜爱，经久不衰，传唱至今。我找到视频看了一遍，感叹那时的儿童生活的美好、纯净、单纯、快乐。这部动画片里，没有暴力，没有成人的爱情和性，体现了当时孩子本真的生活。

波兹曼在《童年的消逝》中写道[②]："对比之下(注：指与字母书写和印刷书籍比较)，电视是一种敞开大门的技术，不存在物质、经济、认知和想象力上的种种约束。6 岁的儿童和 60 岁的成年人具备同等的资格来感受电视所提供的一切。从这个意义上说，电视是完美无缺的平等主义的传播媒介，胜过口语传播。因为说话时我们总可以压低声音，不让儿童听见，或者我们可以使用儿童听不懂的字眼儿。但电视不能低声低语，它的图像既具体又不言自明。儿童能看见电视播出的所有节目。""这意味着失落的远不止童年的'纯真'，因为童年的'纯真'常常是用来暗示童年的魅力在逐渐减少。电子媒体迅速、平等地揭示了成人世界的全部内容，从而产生了几个影响深远的后果。首先，羞耻的概念被冲淡了，也不再神秘。为了使我说的'羞耻'的意思更加明白无误，我认为有必要引用 G. K. 切斯特顿(注：英

---

① (英)大卫．帕金翰．童年之死[M]. 张建中，译．北京：华夏出版社，2005.

② (美)尼尔·波兹曼．童年的消逝[M]. 吴燕莛，译．北京：中信出版社，2015.

国评论家)讲的一段极为相关的话。他说：‘一切健康的人，无论是在古代还是现代、在东方还是西方，都知道性里面包含着某种怒意，谁也不敢肆意煽风点火。如果我们要保持清醒，就必须对它保持一种神秘感和敬畏的态度。’虽然切斯特顿在此说的是性冲动，但他的观点所涵盖的意义更加广泛。我认为，他的观点是对弗洛伊德和埃利亚斯有关文明进程的观点所做的不错的总结。如果对各种冲动没有控制，尤其是对意在侵犯和即时满足的冲动没有控制，文明是不可能存在的。……但在所有这些情况下，控制儿童对那些事情的了解是必需的。当然，自中世纪以来，人们普遍认为暴力冲动、性冲动和自我中心对儿童尤其危险，因为人们假设儿童尚不具备足够的自制力。因此，羞耻感的不可估量的价值构成了儿童正规或非正规教育中珍贵而微妙的一部分。换句话说，儿童沉浸在一个充满秘密的世界里，心中充满神秘而敬畏的感情；他们最终会了解这个世界，但要通过成人分阶段地教他们如何将羞耻心转化为一系列道德规范。”

父母几乎没有机会控制他们的孩子接触以下现象：各式各样的成人性行为、人类残酷与暴力的各种变换、各种的疾病与痛苦、发生天灾人祸的每一种骇人的可能性，这一切均会对纯真而无忧无虑的童年造成极大的冲击。“在儿童面前，总是有一台电视机在那儿，等着破坏家长精心设计的所有计划。”①电子媒体和文化的商业化使儿童成人化的倾向愈演愈烈。

“被催赶着长大的童年，在他们尚未准备好处理成年的种种问题时，就被迫去承担成年所具有的包括生理、心理以及社会困境等方面的问题。我们让孩子们穿戴小型的成人服饰(通常还带着设计师的品牌标签)，将他们暴露在不必要的性与暴力镜头之下，并且还期望他们去应付一个日益令人困惑的社会环境——其中充满了离婚、单亲家庭、同性恋。”②

范梅南举例说③：恢复或找回“caring”的本质真义并不仅仅是做简单的词源学分析或词语用法的解释，相反，它是一种生活方式的重构：它自发地从深层激发我们生活中的语言，当我们谈及自己时，我们便更加真实地意识到了我们是谁，比如是教师或家长。留心词语的来源、本义有时可能使我们接触到最初的生活形式，在那种生活形式中，词语仍然和它所赖以存在的生活经验有着密切的关联。

人们都说教育的核心理念是关爱儿童。对于“爱”字的含义，英语称 love，《朗

---

①② (英)大卫·帕金翰．童年之死[M]．张建中，译．北京：华夏出版社，2005.

③ (加)马克斯·范梅南．生活体验研究——人文科学视野中的教育学[M]．宋广文，等，译．北京：教育科学出版社，2003.

文当代高级英语词典》(第 4 版)解释道：love＝a strong feeling of caring about someone，especially a member of your family or a close friend；＝care about(to care very much about someone，especially a member of your family or a close friend)，而 care about＝to be concerned about what happenes to someone，because you like or love them。意思是，爱是关心，特别是对家庭成员或亲密的朋友，而关心就要关注你喜欢或爱的人发生了什么。《现代汉语词典》(第 6 版)认为，爱是对人或事物有很深的感情；爱惜并保护。关心是(把人或事物)常放在心上；重视和爱护。

我想：社会真的爱孩子吗？父母们真的爱孩子吗？教师们真的爱孩子吗？如果怀有深厚的感情，重视和保护的话，会在至少几十年的时间里，无视成人世界和儿童世界的区别，无视童年的本质、独特的地位和价值，让成人文化渗透、侵蚀甚至占据儿童文化世界，使儿童从身体到精神都被加速异化生长为成人吗？真爱，是想其所爱想的，做其所爱做的，总之一句话：爱其所爱，发自内心地体恤和关切。丰子恺特别喜欢孩子、热爱孩子，甚至到了“崇拜孩子”的地步。丰子恺说：“我的心为四事所占据了：天上的神明与星辰，人间的艺术与儿童。”丰子恺认为孩子“有着天地间最健全的心眼”，是世间“彻底真实而纯洁”的人。丰子恺甚至希望自己的孩子不要长大，让生命一直浸润在童心世界的快乐和本真中。为此丰子恺还满怀惆怅地写了一篇《送阿宝出黄金时代》的散文，既为自己的儿子长大而欢欣，又为孩子告别童年而伤心。唯有像丰子恺先生这样发自内心地喜欢孩子、热爱孩子，甚至“崇拜孩子”，才会去了解孩子、理解孩子、尊重孩子，最终让孩子在符合自己身心发展水平的情况下，在成人的精心呵护和正确帮助、引导下健康成长。也正是因为这样，他作为文学人，才能写出那么多脍炙人口、留传后世的经典儿童文学作品。

意大利著名教育家玛利亚·蒙台梭利说[①]：“自然为幼小的孩子提供了特别的保护。例如孩子是在爱的召唤中来到世上的，他既是父母的爱的结晶，出生后又被父母的爱所环绕。这种感情是先天的，不是出于理性的要求，与所有有思想的人士(指慈善家、宗教家或社会运动人士)渴望唤起的同胞之情不一样。只有在孩子生活领域中所经历的爱，才是人类道德的理想境地，这是一种自我牺牲、无怨无悔奉献的爱。父母所做出的牺牲是十分自然的，越奉献越觉快乐，一点儿也不认为是牺牲；生命的本性就是如此！这种生命的形式比‘适者生存’的竞争形式要

① (意)玛利亚·蒙台梭利．新世纪的教育[M]．郭景皓，译．北京：中国发展出版社，2015.

高尚多了。”

蒙台梭利认为，父母对孩子的爱是一种自我牺牲、无怨无悔奉献的爱，是生命的本性，是人类道德的至善之地。她说出了父母爱的本质。

“孩子，我们一家人真是太苦了，我认为全中国我们是最辛苦最奋斗的家庭，你说呢？孩子说：‘是的，妈妈在南京，我们在上海，爷爷奶奶在泰州，一家人分在三个地方，家里没有钱，还要花那么多钱，老老小小，只有妈妈一个人有工资，爸爸，真的是太苦太苦了。’我说：是的，爷爷奶奶在老家，本来不种田了，为了省钱给你学琴，他们又把田要了回来继续种。你妈妈单位非典期间登记联系方式，同事们听说你妈妈连个手机都没有，心里都很难过。”

“孩子听得很认真，眼睛里会噙着泪花。‘孩子，我们一家人都很苦，但最苦的是你，你比我们所有的人都苦，爸爸妈妈都知道你很有梦想，也很能吃苦。’孩子听了，感到很开心。随即，我就拐弯了，‘宝宝，我们苦都是为了你，你苦是为了你自己，我想你的确应该比我们更辛苦，你认为呢？孩子点头回答：‘爸爸，是的，我要最辛苦。’”

“当初到上海陪孩子的时候，我也很清楚这是个很大的动作。我知道我的女儿身边需要我。我沉得越低，我女儿才会站得越高。我在日记本上明确写下了我做全职爸爸的定位：要让女儿最开心地去做天底下最困难的事情。”

“说起这些年的经历，我经常会长时间地泪流不止。不仅仅是因为苦，还因为女儿给我们制造的感动，还因为一家人对我的包容支持。去上海学习小提琴，让孩子有个好的发展，是孩子的梦想，其实更是我的梦想。为了我的梦想，一家老小真是吃尽了苦头，他们反对无效后，就变成了全力支持。我的父母把我养大，送我上了大学，也一定是吃了不知道多少苦啊。到后来，儿子不工作了，没有收入了，把祖孙几代的希望都押在了孙女身上，我的父母都70多岁的人了，这种心里空荡荡的感觉，是个怎样的苦啊？”①

从以上的对话和反思中，可以看出，因为父亲从小过得苦，梦想没有实现，祖孙几代的希望都押在了幼小的孩子身上，要去学习小提琴并获得成功。这种“押”对孩子来说，是父亲为了她做全职爸爸；是爷爷奶奶为了她把本来不种的田又要回来继续种；是妈妈为了她省吃俭用，连必需的手机都舍不得买；是她必须要比全家人都过得辛苦。幼小的孩子过早地了解了人世的艰辛，承担了本来应该由成人承担的压力和责任。如果连孙生龙这样一个成人每每想到陪练陪读的全职

① 孙生龙．谁绑架了中国父母[M]．南京：江苏人民出版社，2010.

生活，就觉得苦，泪流满面的话，一个孩子的压力会更大。儿童时期的经历会影响一生，会对她今后的人生产生难以磨灭的影响。

这几段话是为女儿学习小提琴辞去报社编辑公职的孙生龙在自己的书里写的。孙生龙因幼年丧父，母亲改嫁，经历过太多的苦难和挣扎，深知父爱对于孩子成长的重要性。他在孩子的胎教、早教、梦想的建立和习惯的养成方面，做出了很多努力。2000 年 9 月，他开始陪护 10 岁的女儿孙同同专业学习小提琴。女儿在历次国际国内的比赛中获奖。按道理，他的努力成功了，应该皆大欢喜，可是他记载这段经历的概括却是“谁绑架了中国父母”，让人觉得心情很沉重很压抑。孙生龙在书中说：天底下最爱孩子的父母在中国，爱容易，爱到很难。很多父母的爱是一种残酷，也有父母在残酷里藏着爱。每个人都在做自己认为对的事情，认为对不一定对，结果对才是真的对。自信、坚强、独立是真正要的对的结果，家长不是经常总是要这样的结果。分数、外貌、金钱经常纷扰着人们的追求，很多父母在爱的名义下爱孩子，经常“爱死了”孩子。无知的爱，往往就是害。我想：这应该是孙生龙这样的父母的一种反思。由于未来激烈的生存竞争的压迫，很多父母的“爱”很残酷，往往爱伤爱死了孩子。女儿孙同同说，小时候阅读的书都是爸爸为她选的，因为爸爸怕她没有时间练琴。她说以后她不打算生孩子，因为从爸爸对自己的培养上，她发现如果像爸爸这样，为她做出这么大牺牲，就没有了自我；而从自己的情况来看，如果父母不做这么大的牺牲，孩子又不太可能有很大的出息。所以，她选择不生孩子。这是被爱伤了的表现。孩子应该在成人的指导下，学会自己选择阅读的书籍，在此过程中，学会抉择，学会认识和培养自己的兴趣和爱好，也培养良好的人格，做一个有思想、有头脑和有创造力的人。这是中国人的人生目标——直奔着出人头地、光宗耀祖——所谓成功的一个活生生的写照。父母没有平常心，让孩子小小年纪为几代人承担着巨大的压力和责任，扭曲了一个真正的儿童的人生。孙同同没有得到过真正的童年幸福，被催赶着快速成长，承担着厚望和责任。这样的孩子在中国有很多。

法国自然主义教育的代表卢梭①说：“他对他的同伴是那样地关心，因此他不可能不很快地就学会怎样衡量和辨别他们的行为、爱好和兴趣，不能不比那些对谁都不关心，因而对别人一点儿事情都不做的人更能正确地评价哪些事情是有益或有害于人的幸福的，只知道为自己的事情打算的人，是很容易动感情的，所以不能理智地判断事物。这种人事事都只知道为他们自己，完全按他们对善和恶的

① (法)让-雅克·卢梭．爱弥尔：论教育[M]．李平沤，译．北京：商务印书馆，1978.

观念来决定他们的行动，因此，他们的心目中是充满了许多可笑的偏见的，只要稍稍碰到他们的一点儿利益，他们马上就觉得天都塌下来了。”

对照卢梭的这段话，可以说我们不爱或者说很不够爱孩子，甚至不知道什么是真正对孩子的爱。有时为了我们自己的利益或面子；有时因为我们自己不成功，因为我们自己再没有争取成功的机会而不甘心，就强迫孩子成功，出人头地，以应试教育和生存教育代替为孩子长远幸福着想的生活教育，不惜以牺牲他们现在的和终身的幸福为代价。英国夏山学校的毕业生伊丽莎白·帕斯卡尔说①：如果父母给予孩子的是真正的爱，就不会错得太离谱。而我们的离谱造成的一个严重后果，就是青少年自杀现象。在我国，青少年自杀没有被纳入科学研究的范围，各地的做法是自我保护，屏蔽消息，使人们对这一严重情况缺乏全面了解，只透露出一些零散的案例。如果说因为历史和社会积重难返，我们又不够懂爱，对儿童不够理解和尊重，但是一帮标榜“爱”孩子的人看到了这一严峻事实，还会说自己的爱是“自我牺牲、无怨无悔奉献的爱”吗？正如范梅南所说：要恢复词语的本初含义，不是一个简单的词汇使用的词源分析或解释的事情，而是一个重构生活方式的过程。我们要重新审视自己，建构和实现对孩子真正的爱。

南京12岁小学生月月，与妈妈为奥数题争执后一蹴而就写了一首诗，发在网上后引发共鸣：

妈妈，我的压力好大/一分一秒一嘀嗒/外面的鸟儿早已飞回家/无论是寒冬还是酷暑/我都在家/我在家/不是摆弄芭比娃娃/也不是上游戏网站4388/而是拿起笔在奥数题上比比画画

啊/压力好大/我真讨厌黑板上5678/什么时候我能给自己放一个假/一株草和一朵花/我都希望去探索它

啊/压力好大/我真希望和小伙伴玩娃娃家/你当爸爸我当妈妈 /照顾宝宝直到他长大/时光一天天被学习打发/学习的内容难度也越来越大

妈妈，我想告诉你/长大的我不会没有出息/不要让大自然和我没有关系/给我放个假，好吗/妈妈，我的压力真的好大

月月的这首诗体现了一个儿童的本真，向往游戏和大自然，希望去探索大自然，而繁重的学习压力剥夺了其向往和希望。

现在的小学生，本事越来越大，能写长篇小说的少年作家年龄越来越小，8岁横渡琼州海峡、3岁能识字和拿大顶，冲击吉尼斯世界纪录的事迹如长江之水，一

① （英）侯赛因·卢卡斯．夏山学校毕业生[M]．王靓，译．上海：华东师范大学出版社，2015.

浪高过一浪，生生不息。2004年，《人民日报》报道，南京有个五年级的女生考了各种证书达44个，成年人连这些证书的名字都说不全。“虎妈”和“狼爸”的事迹早就广为流传。

“人啊！为人要仁慈，这是你们的头一个天职：对任何身份、任何年龄的人，只要他不异于人类，你们对他都要仁慈。除了仁慈以外，你们还能找到什么美德呢？要爱护儿童，帮他们做游戏，使他们快乐，培养他们可爱的本能。你们当中，谁不时刻依恋那始终是喜笑颜开、心情恬静的童年？你们为什么不让天真烂漫的儿童享受那稍纵即逝的时光，为什么要剥夺他们绝不会糟蹋的极其珍贵的财富？他们一生的最初几年，也好像你们一生的最初几年一样，是一去不复返的，你们为什么要使那转眼即逝的岁月充满悲伤和痛苦呢？……”①

卢梭在几百年前就告诉我们应该怎样对待儿童。可是，直到今天，我们很多人特别是教师和家长依然不懂该如何对待儿童，特别是当触碰到利益的时候。

(三)对齐鲁网(2016年5月24日)的“忆童年：‘80后’‘90后’的儿时游戏纪念消逝的美好时光”中问题的思考

齐鲁网编辑用图片配文字带着留恋的感情说明了小时候玩的20种游戏，包括：“打元宝”(为了打元宝，把思想品德书都贡献出来了)、“弹珠”(弹珠，五颜六色啥样都有，现在好像都扔了)、“弹弓”(弹弓，小时候不懂护鸟这回事)、“陀螺”(陀螺，根本停不下来)、“斗鸡”(斗鸡，你能坚持多久)、“抓石子”(抓石子，你手够大吗)、“洋画”(洋画，1毛10张那种)、“滚铁环”(滚铁环，平衡感一定要好)、“跳房子”(跳房子，每次我玩都第一)、“跳大绳”(跳大绳，每队都有扯后腿的)、“打水漂”(打水漂，能扔出四个漂以上的都是大神)、“踢毽子”(踢毽子，小时候能踢100个以上)、“跳山羊”(跳山羊，我一般都是下面那个)、“老鹰抓小鸡”(老鹰抓小鸡，好多人想抓那只母鸡)、“活泥巴”(活泥巴，各种造型，我就会捏成圆的)、“捉迷藏”(捉迷藏，藏家里就不出来了)、“翻花绳”(翻花绳，一玩就是一整天)、“飞蜻蜓”(飞蜻蜓，看你们能飞多高多远)、“折青蛙”(折青蛙，小时候手很巧，折船，折元宝，折花，样样行)、“荡秋千”(荡秋千，绑根绳子哪里都能打)。这些体现的不仅是对儿时时光和游戏的回忆和眷恋，也表达了对如今基本看不到这类游戏的失落的感情。特别看到这些生动的图片时，我的感受是：

看到这些游戏的时候，想起小时候的游戏跟这些大同小异，心中升起亲切和眷恋的感觉，那是儿时的陪伴和精神寄托，带给我们无限的欢乐和满足。如今，

---

① (法)让-雅克·卢梭．爱弥尔：论教育[M]．李平沤，译．北京：商务印书馆，1978.

孩子们都不玩我小时候玩的游戏了，连孩子们玩耍的身影都很少看见。

2006年10月，当代教育出版社出版的何诚斌所著的图文并茂的《老儿戏》一书导言里写道：

早晨，我穿过小区的时候，总会看见不少人在晨练、跑步、舞剑、踢毽子、打太极拳等等，却不见孩子们游戏的身影。

黄昏或晚上，我路过广场与空地的时候，总会看见人们在跳街舞、扭秧歌、跳交际舞等等，却不见孩子们游戏的身影。

一天，我看见对面阳台上趴着一个男孩，他向楼下张望，眼神是那么茫然，好像自己被囚禁在牢笼里一样。他在看什么？想什么？

女儿放学后，书包刚刚放下，她老妈就把当天夜里必须完成的习题递给了她，女儿发出轻微的生怕招来谴责的叹息声，我想女儿的身心是多么的累啊，可我却只能保持沉默，因为她马上就要中考了。

我穿梭往返于两个城市之间，感觉自己生活在都市的井里。这个井里陷落的不仅是我这样的成年人，更多的是孩子们。有个朋友的孩子，从老家来到这都市一角，他带来了欢乐，可他自己，在我看来，很多时候是缺少欢乐的。他站在阳台上，要我抱他看看外面。他唱歌、背诗、说故事、写字、画画，不断重复……他在自个儿找乐子，找记忆中的乐子然后把它复制出来。我折纸给他，我学动物叫逗他，我的主动，赢得了他的好感，于是他总是缠着我，把我当成了他的玩伴。

面对孩子，我更愿意接受他的亲近。因为我不忍眼见他的天性被时间磨钝。他的心灵应该是自由的，他得走出这都市的井，去拥抱自己真正童年的世界。我理解他，就像我理解我自己，因为我的童心还没有泯灭和丧失。

这时，那些遥远的一个个童年伙伴的身影飘然而至，尤其伴随我们成长的那些快乐的游戏，突然在我的记忆里鲜活起来。这些年，朋友聊天，大家总会不知不觉地激动地谈起自己的童年，尤其是与童年的伙伴相聚，似乎又回到了当年，在互相补充细节的叙述中沉浸于美好的回忆。难道我们到了怀旧的年龄？不完全是吧！孩子们听了我们的“城南旧事”，羡慕地感叹：“你们小时候真有意思！”

最近，我读到日裔加拿大作家戴维·铃木的一部书《生命的故事》，对其中一段文字深有共鸣，他说：“将我的童年与今天生活在现代都市中的孩子们的童年相比，差异之大令我震惊。他们没有可以用于嬉戏玩耍的森林、河流、沼泽。于是，他们常去的地方就是矗立在地面上的购物中心和电子游戏厅之类的地方。孩子们成长在一片缺少生物的荒漠即一座水泥迷宫之中，这里多的是道路、高楼、机器和人，少的是动物和植物……”

还有那些令人开心的使人终身受益的游戏，也像生物的多样性遭到破坏一样，消逝与正在消逝……此时，我孩提时玩过的许许多多的游戏虽远离了我的视野，但它们却在我记忆中占有很大一块位置。没有被物欲与时间的尘埃蒙住，我也就能重温一个个快乐的游戏，包括游戏过程中的一些耐人寻味的细节。

游戏是儿童的天性，是儿童文化的核心。它能让儿童在其中快乐地成长，长大后给他们留下快乐的回忆。心理学认为：好的回忆能让大脑得到思考和锻炼，有利于身心健康，还可以给后人留下精神财富和励志礼物。可是现在在社会上和家庭中很难寻觅到它的身影了。

波兹曼说[1]："就像形式各异的服装一样，过去在城镇的大街小巷上随处可见的儿童游戏正在消失。就连'儿童游戏'这个想法也似乎正从我们的股掌之中消失。我们过去习惯于认为儿童游戏并不需要教练、裁判或观众，只要有空间和器材，儿童就可以开始玩了；游戏的目的不为别的，只图快活。然而，今天少年棒球联合会和十二三岁的小选手橄榄球队，他们不仅由成人来监督，而且以一切可能的方式来仿效成人运动的模式。因此，他们需要裁判，需要器材。成人在边线外加油呐喊或奚落。球员们寻求的不是快活，而是名誉。现在还有谁看见9岁以上的孩子在玩抛借石子、骑木马、捉迷藏或边打球边唱歌这样的游戏？两位出色的英国史学家彼得和艾奥娜·奥佩专门研究儿童游戏，当今美国儿童仍然常常玩的游戏几乎没有一种是传统的儿童游戏。就连两千多年前在伯里克利统治时期的雅典就已出现的捉迷藏，现在几乎也已经完全从儿童自发的娱乐活动中消失了。儿童游戏，言简意赅地说，已成为濒临灭绝的事物。"

2015年6月1日，人民网刊登了六一儿童节特稿：孩子，你报了几个课外班？该网很多记者在北京、济南、广州、重庆等十余个城市就儿童课外班进行调研，采访对象为4～12岁的孩子及其家长以及少年宫、培训机构的相关负责人等。受访家长们无一例外都给孩子报了课外班，少则二三门，最多的有七门，"不能让孩子输在起跑线上"这句话在采访中被频频提及。

游戏的主人公(儿童)许多都去上课外辅导和培训班了，想玩游戏的儿童也找不到同伴；儿童常伫立在购物中心和电子游戏厅之类的地方，或者在家里玩电脑游戏，尽是暴力、性等成人世界的东西，这样的游戏诱惑儿童加速成长为成人。现代化的发展使孩子们游戏的世界里天然的东西，如动物、植物、蓝天、绿水、青山不断消失或缺失。正如波兹曼所说，现在的社会环境下，儿童游戏的出现，

① (美)尼尔·波兹曼．童年的消逝[M]．吴燕莛，译．北京：中信出版集团，2015.

已经不是出于儿童自发的、纯洁的、快活的目的了，而是为了要服务于成人们各种各样的目的。

二、社会中儿童文化所面临问题的概括

(1)社会一直缺乏对儿童和童年本质的了解、理解和尊重；很多社会公民的素质有待提升，对儿童成人化倾向推波助澜，加上电子媒体和文化的商业化的久盛不衰，儿童成人化的环境也不断恶化，又不断加剧了儿童成人化倾向。不管是成人化的外表显现、语言和理智的运用，还是错误价值观和处世观对儿童潜移默化的熏陶，都说明成人文化在对儿童文化世界强势地侵蚀、渗透和占有，其中成人的错误价值观和处世观对儿童及儿童世界的影响更加恐怖和深远。

(2)社会和家庭缺乏对儿童发自内心的真正的爱，很多成人为获得既得利益，以爱的名义绑架儿童，使儿童远离自己赖以生存和发展的文化环境，远离本真的健康和幸福。

(3)游戏是儿童的天性，是儿童文化的核心。而游戏的主人公儿童在过早地成人化，应试教育也使儿童远离游戏。儿童游戏和儿童文化一起正处于濒临灭绝的境地。

由以上描述、分析和解释可见，儿童文化在社会层面一直处在濒危的境遇。

第二节　学校中的儿童文化危机

在学校，儿童文化面临的遭遇有些与在社会上的一样，有些不一样。

学校在这里被分为培养幼儿园、小学的教育工作者的师范类院校和幼儿园、小学。虽然本研究重点选取师范类院校，但是幼儿园和小学的教育教学现状会反映出师范类院校的状况。因为幼儿园和小学教师很多是师范类院校培养的，并且幼儿园和小学一般是师范类院校的实习实训基地。

一、对学校中的儿童文化所面临问题的思考

(一)关于“幼儿园里国画牛事件”[①]问题的思考

我曾经带着学生去某幼儿园做环境创设。由于我不久要去支教，不能从头至尾临场督促指导学生，事先问过在读的美术教育专业的学生在幼儿园里画动物怎

① 笔者亲身经历的事件。

么画？他们说知道。我想这些学生教育学已经上过了，总会知道一些道理，放心走人。结果我回来一看，这些家伙把牛画成了正儿八经的国画牛。虽然画技不错，可是这些牛让我心里至今都不舒服，觉得自己做了大逆不道之事。当初跟园长道歉，准备返工重来，园领导跟我说：没关系，我们看着舒服。

大学教师有事离开，缺少实践机会和经验的美术教育专业的学生失去了有效的临场监督和指导，把本该在幼儿园里画的简笔画牛画成了国画牛。由于幼儿的眼睛发育不完全，视觉结构、视神经尚未成熟，看不清楚也不能够欣赏与真人真物相类似的图画，所以适合他们的是勾勒人和动物轮廓的简笔画。这是知晓和顺应幼儿身心发展规律，以幼儿为主体进行教育教学的正常而必要的表现。但园领导说：没关系，我们看着舒服。依我的理解，这句话透露出以下信息。首先，出于感激大学师生的帮助和支持，就算出了一点错，也请你们不要放心上；其次，这点错根本不是错，反正我们看着舒服。这里的“我们”猛一看，是包括幼儿园里的孩子的。可是往深了追究，根本就没有孩子。因为孩子眼睛基本看不清楚，不会欣赏，哪里有舒服可言？

卢梭说①：“当生命开始的时候，记忆力和想象力尚处在静止的状态，这时候，孩子所注意的只是在眼前对他的感官起影响的东西；由于他的感觉是他的知识的原料，所以要按照适当的次序让他产生感觉，这就要培养他的记忆力，使他有一天能按同样的次序把这些原料供给他的智力；不过，由于他只知道注意他的感觉，所以先给他清楚地指出这些感觉和造成这些感觉的事物之间的联系就够了。他什么东西都想去摸一摸，什么东西都想去弄一弄；他这样地动个不停，你绝不要去妨碍他，因为这可以使他获得他十分需要的学习。正是这样，他才能学会用看、摸和听的办法，特别是把看见的样子和摸着的样子做一个比较，以及用眼力来估计他用手指摸一下会有怎样的感觉——学会用这些办法来了解物体的冷热、软硬和轻重，来判断它们的大小、样子和能够感觉出来的种种性质。”

蒙台梭利说②：“时机未成熟以前，没人可以教孩子走路；这是造物者的指令，我们必须服从。然而在孩子开始走和跑时，想让他们安静下来都是徒劳的，因为造物主安排每一个发育完成的器官都要使用。与此类似的是，一旦孩子开始学说话，他们就喋喋不休，想让他们停下来是一件困难的事。”

按照适当的次序让幼儿产生感觉，逐渐学会看、摸和听（嗅觉发展得晚），最终认识世界；按照幼儿的身心发展规律施教是我们必须遵循的事情。从领导的话

① (法)让-雅克·卢梭．爱弥尔：论教育[M]．李平沤，译．北京：商务印书馆，1978.

② (意)玛利亚·蒙台梭利．新世纪的教育[M]．郭景皓，译．北京：中国发展出版社，2015.

中，我知道幼儿园的教育工作者对幼儿不了解，对如以上相关的教育教学规律不知晓，目中无幼儿。社会上流传的“幼儿园教小学，小学教中学，中学教大学，大学教幼儿园”的说法中体现的“小学化”现象，在这样的幼儿园肯定有。过早过快地加速幼儿的成长，使他们的体力、精力、想象力和创造力过早地透支，忽视对幼儿健全人格的培养；把幼儿当成和成人一样的人，不但谈不上因材施教，还是社会上儿童成人化、小大人化在学校层面的推手。放眼望去，这样的学校和教育工作者不少。

(二)关于寓言“小花的小学生活”[①]问题的思考

6岁的小花，离开幼儿园，刚上小学一年级。爸爸是旅游公司的司机，妈妈是家庭妇女。爸爸工作忙，小花就主要由妈妈照顾。

上小学第一天，老师在上面讲课，小花觉得自己很想动，想出去玩，又想上卫生间。老师脸上都没有什么笑容，只顾大声在那儿说自己的，再就是命令同学们不要乱动和说话。下课的时候，语文和数学老师布置了很多作业。

小花一点儿都不习惯小学的生活，从早上8点进学校，到中午12点下课；吃完中午饭，要从1点30分自习到1点50分，然后从2点上到3点半放学，都不能怎么玩，一直上课。课间有10分钟休息时间，她有时在教室外面玩到不记得上卫生间。

开学的第二天，小花就忘记带作业本了。老师在全班面前批评了她。中午妈妈来送饭，知道这回事，骂小花昨晚看电视太晚，所以忘记收拾第二天上学用的课本、作业本。小花委屈地哭了，觉得上小学后做的事情一下子变多了，早上要按时起床上学，上课也不能玩，回家还要做作业，不能像以前那样看电视和玩芭比娃娃了；还要记得把课本、作业本甚至是上卫生间的手纸带到学校来。

从一年级开始，就上语文课、数学课，品德、科学、英语、音乐、美术、计算机、体育课等写在课表上，但都不怎么上。后来小花和同学们知道，偶尔他们上这些课，是因为有外边的老师来检查。

一学期快要过去了，小花和同学们认识了李校长、张主任，还有语文老师，也是他们班主任，还有数学老师，其他老师都不太认识。语文老师上课声音很大，她很凶，小花和同学们都很怕她。语文老师一进教室，大家都不敢出声，上课也是这样，除了提问，大家都不敢主动出声和发言。有同学不完成作业，老师就大声在班上点名，并叫到教室后面罚站，有时还会打人。

① 笔者编写。

小花原来的同桌是男生小强，身体特棒，后来成了班上的足球小将，总是代表学校去比赛。一年级开学上课的第一天，班主任正在讲台上讲课的时候，他就站起来，跑到讲台前边，举起胳膊跟老师说：我有肌肉；老师上课的时候，他总是说话打岔，打断老师和全班同学上课，听课。上课坐不住，总想跟左右的同学说话，老师就把他调到最后一排，可他趁老师不注意就会去撩左右的同学。小强身板很壮实，喜欢打架，不少同学都怕他，但是他很聪明，有时别的同学回答不上来的课本外的问题他都能回答出来。一来二去，小强的学习成绩越来越差。老师还说成绩不好的同学都往后三排坐。小花有次看到他画了一张猪头的画，他说这是班主任老师，逗得小花开心地大笑起来。

期末考试完以后，小花和妈妈一起到学校里开家长会。老师一般会表扬考得好的同学，还会请考得好的同学的家长介绍经验；发给每个家长一封家长信，对假期里要注意的地方强调一下，然后散会。一学期就有期中考试和期末考试后各一次家长会，其他时间老师和家长基本都不会联系。

中午小花和同学们有时会到学校小图书室看书。到四年级时，她知道女生会来“大姨妈”，不是老师和妈妈教的，是她从《女生日记》上看的。不过，图书室的书不多，小花和同学们基本都看完了，爸妈也不给小花买什么课外书，小花没的看就不看了。

同学会在私下里传班上谁喜欢谁，或者有男生在回家的路上会大声说出来。小花觉得他们看电视多了，知道男生和女生可以相互喜欢不是什么新鲜事。

到四年级的时候，小花班上的同学一大半会用手机玩QQ、微信。他们有次转发关于电影演员赵丽颖的帖子，那里面用很脏的话骂赵丽颖，小花他们不懂为什么要这么骂她；有时会有“转发5个群，然后可以拿QQ红包”的帖子。反正这些帖子好多同学都转发了，小花也跟着转发了。

平时放学后，班主任和任课老师会在家里举办补习班，小花他们会去补习。所以根本没时间玩，连休息的时间都不够。放假的时候，小花完成作业都不用爸妈催促，可是每天的作业完成后，她觉得很无聊。假期太长了，不知道做什么来打发那么长的时光。

五年级到了，老师和爸妈都说要好好学习，考个好初中；然后是好高中，好大学，找个好工作。小花一直是个听话的孩子，她也下决心好好学习。

我国著名儿童文学作家严文井说过，寓言是一个魔袋，袋子很小，却能从里面取出很多东西来，甚至能取出比袋子大得多的东西。寓言是一个怪物，当它朝你走过来的时候，分明是一个故事，生动活泼；而当它转身要走开的时候，却突然变成了一个哲理，严肃认真。寓言是一座奇特的桥梁，通过它，可以从复杂走向简单，又可以从单纯走向丰富。在这座桥梁上来回走几遍，我们既可以看到五光十色的生活现象，又能发现生活的内在意义。寓言是一把钥匙，这把钥匙可以打开心灵之门，启发智慧，让思想活跃。由于描述小学生活的现有材料零散，为了和自己在小学的体验相贴切，又能充分说明问题，笔者创编了以上寓言。

学校教育在儿童一生中起着主导作用。因此，我们可以说儿童文化的主要生长地和发展点是在学校。这则寓言展示了一幅幅小花和同学小学生活的画面，从中可以发现儿童及儿童文化生存的状况和面临的现实。

第一幅：小花的父亲工作忙，在和学校教育密切相关，甚至很多时候比学校教育更重要、影响更深远的家庭教育中是缺失的。

目前，从总体而言，家庭和学校联合起来，共同致力于儿童的教育进而促进儿童文化的发展还没有形成一个初步的格局。

首先，学校和家庭双方都还缺乏对于家校合作的重要性的认识和要求，仍被传统观念和行为习惯左右。从家庭方面来说，不少家长还未意识到家庭对儿童成长的重要性，认为家长的责任只是满足孩子在物质生活上的需求，主要任务在“养”，而“教”的责任，应该由学校来承担。尤其是有些文化素质较低、没有能力教育孩子的家长，对学校和教师很盲从。从学校方面来说，多年来处于一种自视清高、自我封闭的状态，往往认为家长不懂教育，将教育儿童、提高教育质量看作学校的事情。

其次，是由无条件崇拜权威、信奉中庸的传统文化造成的影响。很多家长认为，把孩子送到学校，孩子教育的权利和责任从此移交给教师，家长不能过多干涉、介入学校里的事。中国传统的中庸思想，也使家长们认为走进和配合学校参与管理是冒犯权威，会破坏和谐。因此，一方面家长心安理得地推卸责任，另一方面学校会更加严重地认为家长不用参与学校教育。特别是在教育质量高的学校，这种现象更为突出。现实社会的升学和就业的压力也使家长一贯重视智力和考试，导致家长的教育目标和学校以儿童全面发展为主的教育目标不一致。

最后，家庭与学校存在沟通方面的障碍。由于各自的条件局限，特别是双方存在文化差异和缺乏信任，家校合作不相匹配，缺乏沟通，存在身心上的距离，因此家长和学校存在沟通障碍。

以上是主观原因，还存在客观原因。首先，学校与家庭由于时间和精力的限制，作为良好关系主导的学校相应的合作素质不高或欠缺，最终导致合作不成功。其次，学校与家庭地位不平等。学校往往把家长当成教育的对象，而教师是教育者。较为普遍和值得注意的是，教师跟家长沟通时，往往对家长不够尊重，居高临下，颐指气使，把家长看作告状对象是常事，把学生在学校发生问题的责任全部推给家长。最后，学校管理不到位。学校长期与家庭、社会脱节，形成学校垄断教育资源加教师垄断教育权的局面。家长除了时间和精力不够，民主参与学校管理的意识淡薄；而且由于社会历史和文化的原因，家长只关注孩子的学业成绩，对其他方面不感兴趣，因此在合作方面很被动。另外，教育组织机构缺乏、资金投入等必要的保障缺失、国家有关的法规制度不健全也是重要的客观原因。

法国自然主义教育家卢梭、苏联教育家苏霍姆林斯基等都非常重视家庭与学校的合作。苏霍姆林斯基认为，家庭和学校，不仅要一致行动，要向儿童提出同样的要求，而且要志同道合，抱着一致的信念，始终从同样的原则出发，无论在教育的目的上、过程上还是手段上，都不要发生分歧。生活向学校所提出的任务是如此复杂，以至于如果没有整个社会首先是家庭的高度的教育素养，那么不管教师付出多大的努力，都收不到完满的效果。学校里的一切问题都会在家庭里折射出来，而学校的复杂的教育过程中产生的一切困难的根源也都可以追溯到家庭。他坚定地认为教育学应该是每个家长都应该懂得的。而在我国，大部分家长都不懂心理学、教育学，学校作为家校合作关系的主导者，也很少有举办家庭或家长学校的，师范类院校也基本不见家庭教育专业。

家庭和学校作为儿童教育过程中两种主要的教育力量，如果形成合力，就能相互支持与配合，起到强化教育的作用。

第二幅：小花不适应，想上卫生间，但一定要在课间休息10分钟的时候才能上，上课时间40～45分钟里，她很难坐得住，总会想玩；教师的授课方法沉闷乏味，以机械传授为主；课外作业太多；回家后还要为第二天的生活和学习做好准备。

小花这样小的儿童进小学第一、二年，一般会出现入学不适应的问题，主要包括对生活习惯、学习内容和学习方式以及学习环境的不适应。

在生活习惯上，特别是对作息时间不适应，在幼儿园或家里没有严格的上下课时间规定，也没有严格的出勤时间要求，相对比较自由，中午还可以午睡。而到了小学就要严格遵守时间安排，早上一般8点之前到学校，不能迟到，上课不能自由活动，中午的休息时间也就一个多小时。上学的第一天要为第二天的学习和生活做好各方面的准备，如带好书、本、笔，还有老师要求要带的东西以及自己的生活用品等，这些幼儿园里都没有要求，而且有些条件好的幼儿园教室里还配有卫生间，手纸什么的根本不用自己带。

在幼儿园或家里，幼儿一般以玩中学为主，且对学没有多少要求，上了小学就要以学知识为主，要完成具体的知识学习任务，达到相应的学习目标，而很多小学教师一开始就把儿童当成年人看待，用对成年人的教学方式教学，儿童以游戏和艺术认识世界、把握世界的方式不被重视和正确对待，师生间的互动又很少，教师经常会简单、粗暴地管理儿童和课堂，这样儿童很容易遇到学习上的困难，情绪和信心会更加低落。

小学的学习环境与幼儿园有很大不同。多彩装饰而且经常会变幻环境创设的幼儿园教室，变化为小学的每人一套桌椅、前面就一块大黑板，没有太多装饰的敞亮整洁的教室，让幼儿很不适应。同时，离开了熟悉的伙伴是不少孩子对上学最为担心的事情。在幼儿园遇到什么事包括上卫生间都可以找老师帮助，而在小学与同学发生摩擦和矛盾时，必须开始学会独立解决问题。

这个时候家长和教师要一起配合，从身体上和心理上来帮助儿童过渡。对于儿童良好的学习、生活和行为习惯的养成，班主任要进行具体化的训练和指导。而小花的老师和家长根本没有意识到这个问题，更不用说合作了。

幼小衔接是指幼儿园与小学两个教育阶段平稳过渡的教育过程，也是幼儿在成长过程中所面临的一个重大的转折期。由于生活习惯上的骤变，以及课目的繁重，使许多幼儿在进入小学后出现疲劳、消瘦、害怕学习的现象，这些问题应该引起老师及家长的关注。因此，幼儿园和小学的衔接工作很重要，家长应该为孩子顺利地向小学过渡做好一切准备。

目前，幼小衔接工作往往出现片面性，重知识准备，轻能力培养，只关注儿童认识了多少字，会做多少算术题，不关心儿童的学习兴趣、学习习惯及学习能力，不关注孩子的独立生活能力、交往能力、挫折承受能力等；只关注儿童的生理健康，忽视了儿童的心理健康。能力不是与生俱来的，而是人在适应环境的过程中逐渐形成的。心理学研究表明，儿童能力的发展有一个关键期，在这个关键期内，儿童的能力易于养成，而过了培养期和关键期，儿童能力的培养就显得特别困难。

小花刚上一年级，上课会想出去玩，正是一个孩子本真的游戏天性的表现。可惜，从一年级开始基本就没有游戏可玩了。随着时间的流逝，日复一日长时间的成人式的学习，使没有游戏玩的孩子变成了没有想象力和创造力、理解力和感受力退化的人。

挪威奥斯陆大学的音乐教育家布约克沃尔德教授说①："学习的窒息发生在从儿童文化向学校文化的转变之中，当孩子被迫服从一种陌生的学习形式时，他就被逐渐与自己的缪斯(注：指儿童与生俱来的艺术天赋和游戏天赋)整体性分离。这样，他就与那种和自己的本性非常接近的东西失去了联系，而这种东西本是生命的熔炉，在这里，那些印象、事实和价值观都被熔铸成一个真实的自我。"儿童对缪斯充满渴望，这种渴望与他们的生命一起发芽成长，又在与家庭成员的相处中，在和其他儿童的游戏中得到加强。可是，几年学习生活之后，"他们大多数再也不能像鹰一样自由飞翔了，他们变成了缪斯天性意义上的残疾人。"②

我一直在思考：在中国，为什么很多中小学及幼儿园教师认识不到儿童是用游戏和艺术的方式认识世界和把握世界的？儿童文化的核心正是游戏，而艺术又和游戏密切地联系着。在幼儿园，一些儿童还可以接触到它们(但在很多农村幼儿园也一直在用成人的认知方式教学，并且"小学化倾向"严重)，而到儿童 6 岁上小学时，为什么突然斩断了其和游戏、艺术的这种联系？首先，传统习惯思维不重视儿童及其自然天性；其次，应试教育过早地侵入幼儿园，过早地使孩子们被迫接受成人式的学习方式；此外，教师们不断学习进取的少，因此也少有能够心悦诚服地接受并致力于遵循教育教学规律的教师。

游戏，也是一节课，是堂堂正正地排在魏书生班级的课程表上的。以一般眼光来看，这简直有些新奇。但一经老师提议，同学们衷心欢迎、举手通过，他们就这样做了，并一直做下去。

魏书生教的第一届学生从小学刚刚升到初一，孩子们依然非常喜欢游戏的快乐，有一本学生日记是这样记载的：

下午第三节课时，老师领着我们又玩了一次游戏。有四个同学蒙上眼睛，分成两组，每人找自己的同伙。四个"盲人"在层层障碍中互相寻找，不时发出信号，那跌跌撞撞的样子，逗得大家哄堂大笑。有一组，两个摸到一起，可是互相都放开了，继续摸索，原来两个人都以为不是本伙的，这一下，大家笑得更厉害了。几个人一听，又立即回来寻找，有的抓住观众不放，有的摸到老师猛扯……大家简直要把肚皮笑破了。笑声像江心的波浪，向四周一圈圈地散开来。后来，四个人都找到了自己的同伙，大家这才停止了欢乐的笑声。

在一堂又一堂、一天又一天的紧张学习生活中，每周安排这样一节游戏，显

①② (挪威)让-罗尔·布约克沃尔德．本能的缪斯：激活潜在的艺术灵性[M]．王毅，孙小鸿，李明生，译．上海：上海人民出版社，1997.

得多么珍贵啊！孩子们玩得轻松愉快，可以尽情地笑，这笑声，正是他们所需要的“微量元素”之一。

有人说：“玩具是孩子们的天使。”那么，游戏便是孩子们的天堂，在他们长大成人之前，为什么一定要把他们的生活弄得死气沉沉，根绝那“天堂里的笑声”呢？

魏书生同志作为班主任，也在研究玩的方法，领着大家玩，玩得花样百出。室内游戏还有“分组争画五角星”“打电报”“谁是星球来客”等，室外游戏更是天地广阔任纵横。在这些游戏当中，培养了孩子们的高尚情操，发展了他们的智力，促进了他们健康成长。

“这不是不务正业吗?”“看他学生毕业时怎么交代?”异议与指责相继出现了。好心人也在暗暗地担心：“魏老师呀，别忘了‘升学率’，到‘揭榜’的时候，你不会‘砸锅’吧?”

魏书生同志坦然面对。他在课程表上安排了音乐、美术、游戏的课程，组织孩子们长跑，带领孩子们郊游，让孩子们每天写一篇日记，抄一句格言，每周到社会上去做好事，讨论思想战线的形势，每学期读 5 000 页课外书……都是有深远意义的。而不理解的人进行的不科学的指责中最有力的一条理由是：这样做影响孩子们的升学率，影响他们智力发展，影响他们掌握科学知识。魏书生的回答是：“不然，一个国家，并不因为要发展科学就取消了体委、解散了文艺团体、消灭了旅游、停止了音乐、焚毁了一切有色彩的装饰品。相反，这些也是科学，这些科学的发展促进了科学总体的发展。那么，轮到个人，怎么就不能全面发展呢?”魏书生同志坚持下来。直到他的第一届毕业生取得全县最好的“升学率”时，人们才停止了那些指责。[①]

在魏书生老师的班级课表上，丰富多样的课程和活动特别是玩游戏不但促进了学生的全面发展，还促使学生取得了全县最好的升学率。家长们认为：上课玩游戏影响孩子们升学，影响他们智力发展，影响他们掌握科学知识。所以，从家长这里开始就在磨灭孩子的天性和热爱，禁锢了“天堂里的笑声”。然后延伸到学校和社会。实际上这也是个相互促进和制约的过程。过去，至少是在“60 后”“70 后”小的时候，国际、国内的竞争还没有现在这么激烈，家长们还没有这么深的紧迫感。而现在，家长们都是奔着升学率和上名牌大学去的，认为这样以后才有好的生存基础，不知道也不理解游戏是孩子的天性。中国青少年研究中心公布了一

---

① 赖华强．班主任工作案例教程[M]．广州：暨南大学出版社，2004.

个调查:《中国少年儿童发展状况研究报告(1999—2010)》显示:孩子更注重个人的“小幸福”,“有温暖的家(58.6%)”“有知心朋友(38.5%)”居前。“健康快乐”“受到尊重”占比逐年增长。孩子的需求是非常自然的,首先是“小幸福”,比如:摆弄芭比娃娃;上游戏网站;与一株草和一朵花亲近,希望去探索它;还有“温暖的家”和“知心朋友”。目前我们知道,这样基本而正常的需求,恰恰是许多儿童得不到的。没有温暖的家,因为父母天天吵架,或者不管孩子,或者与孩子发生冲突,如前面月月的家庭,把家庭变成硝烟弥漫的“第二战场”,而不是“避风港”。孩子面临过大的考试压力、厌学和恐惧,最需要亲人的抚慰、同情、支持,但得到的往往是更大的压力。

深圳中学学生李舒扬记得一个细节:家长会结束以后,马老师被很多家长围住,责问他为什么不教课本上的内容,马老师显得很疲惫,甚至有些手足无措。“后来马老师回到自己的办公室,我去到办公室的时候就看到他在那里泣不成声,非常难过。”

2012年1月16日,名不见经传,却又引起各种争论的深圳中学语文老师马小平,带着他独特的教育理念和对教育事业的一腔赤诚,离开了这个世界。

“要赶在灾难尚未毁灭人类之前,把能够应对这种灾难的一代新人培养出来。”马小平生前曾多次谈到他的教育理念。不知者谓其危言耸听;知者,如北京大学的钱理群教授,则谓马小平为所识教师中“最具世界眼光”“可以称得上是教育家”的人。

马小平的理想,源自英国教育学家汤因比的“与灾难赛跑”的教育理念。汤因比认为,人类面临着“破坏自然环境”与“战争冲突”这两项灾难,而教育是实现自我救赎的唯一途径。

但在现实的教育实践中,汤因比的教育理念与一名中学语文老师的具体工作,却又隔得很远。

“马老师其实一直都很孤独。马老师的格局超过一个中学老师的格局,他其实很难在应试教育的大框架里把人文教育的理念实现出来。应试和人文的冲突一直存在,这对学生是很现实的选择,对他来说也是种挣扎。”王翔,马小平曾经的学生,他认为马老师最可贵的是,他具有远远超出他“身份”的视野和格局。

“很可惜的是,学生当中很多人的眼中还是只有应试教育,很多人也不是很重视他的人文课程。所以我感到很遗憾,对不起马老师。”胡正,马小平生前的学生,深圳中学毕业生,“等到马老师病重,真的离开我们的讲台,我们才真正了解到老师是这么重要,这么有价值。我觉得这真是我们一生的遗憾,我们将用我们一生的时间来弥补。”

马小平和汤因比因灾难教育而邂逅，与其自幼的经历有关。1953 年，马小平出生在湖南湘潭。像那个时代的大多数人一样，伴随他长大的是一连串灾难。

教育灾难是其中之一。1968 年，15 岁的马小平初中毕业，接下来的十年，他没有读高中、读大学，而是去了浏阳的茶山林场种树。当时他未满 16 岁，本不符合上山下乡的标准，但想得到组织认可的他拼命争取，终于改变了自己的命运。

1977 年，马小平作为湘潭地区的 27 名典型之一，去参观大寨，还带回一把锄头。那时他诚恳地相信其中的意义，并展现了“做什么都要做到最好”的性格。他还成为林场的团总支书记。

高考恢复，1978 年，马小平考入湖南师范大学中文系。不用费太大的劲，他就意识到自己在过去十年所失去的。这让他多年以后不仅懊恼，甚至恐惧。2000 年时他撰文回忆道：“说到青春被耽误的十年，我内心有一种发狂的冲动：谁说失去的十年是可以补回来的？一个人害了十年大病，他能从何处找补回来？一个人饥饿了十年岁月，他的健康怎能保持常态？”

在大学，苏联教育家苏霍姆林斯基成了马小平的偶像，他迷恋苏霍姆林斯基的著作与理念。在 20 世纪 50 年代，苏霍姆林斯基即提出“和谐全面发展”“要思考，不要死背”“走进大自然”“没有‘差生’概念”的口号。这些都被马小平奉为圭臬。而帕夫雷什中学则更是他心中的圣地，他常说，这一辈子，只要能到一所像帕夫雷什中学那样的学校去教书就值了。

1982 年，马小平 29 岁，他回到家乡的湘潭十中，成了一名中学语文教师。在“怎么成为一个好老师”这个问题上，苏霍姆林斯基的观点是要多读书——“要读书，要如饥似渴地读书，把读书作为精神的第一需要……”

马小平遵循苏霍姆林斯基的教导，还组织青年教师一同阅读。4 年后当他调任湘潭市一中的时候，藏书已有六千余本，而他向新东家提出的唯一要求就是要有一间自己的书房。

在湘潭的十年，是马小平教育思想的形成阶段。1988 年，他写下了《关于语文教学及研究的哲学思考》，提出“把语文教学提到一个哲学的高度来认识”。关于语文教育，马小平认为不仅是一个简单的知识传授，而事关人格养成、公民责任以及智慧与情感。

邓白洋是湘潭一中 1986 级 320 班的学生，马小平的语文教学给他留下了深刻的印象。他回忆，马老师会用初一、初二两年的时间教完三年的课程，初三一整年都用来进行课外阅读，大量讲述鲁迅、卡耐基及中日文化比较研究；而课外，马老师还经常和他们下围棋、国际象棋，打桥牌，打篮球。

邓白洋感慨，“那是真正意义上的启蒙，我们尚显稚嫩的心灵模模糊糊感知到了诸如自由之思想、平等之精神的概念，开始认识到人生最重要的是要追寻意义和价值，知道了自信的重要，以及做自己喜欢的事更能激发潜能。在这些层面，马老师从不直接给我们答案，而只是启发我们的思考。”

1992 年，马小平开始教育生涯的第二个十年，他来到了东莞中学。这是马小平思想系统化的时期。他开始尝试“一个普通的中学教师能够走多远”。

2002 年，马小平来到了深圳中学。在这里，高一、高二通常不会涉猎应试技巧，马小平过了更为如鱼得水的两年。

马小平的原则是：教育不是折磨，不是遥不可及的幸福，而是当下的幸福。在来到深圳中学的第一节课上，他就宣布，“同学们，我把课堂还给你们了。”学生们回忆，他讲到忘我时，常常连课本都不会去摸一下，而是依靠自己大量的知识储备发挥，和学生们互动，带动学生们跑进思考的草原；甚至，他会让学生们合上书本，在课堂上看电影，听音乐，欣赏诗朗诵。

他不仅成为学生的老师，还成为老师们的老师，王赫、薛安康、王东文等老师表示他们经常收到马小平送来的各种书籍和电影，经常被拉着进行受益匪浅的长聊。

“我一想起马老师就记起他每次见到我的时候，就远远地对我招手，然后轻轻地说：来来来。然后马老师就从他肩上取下他永远斜背的背包，一条腿支起来，把包放在腿上，然后就从里面翻出一张碟来问我：哎，这个你有吗?”回忆起马小平，王赫开始哽咽，“我现在一想起马老师就记得他低头找光碟的样子。”

马小平唯一没有打动的是病魔。在过去的 20 年间，他坚持大量阅读和思考，常年睡眠不足，高强度的工作终于反噬了他的健康。2004 年，他被查出患有胶质瘤，位于脑部。

此时，最重要的事情是什么呢，他要在最后的时间里留下些什么？马小平又一次想到了“与灾难赛跑的教育”，怎样才能塑造能跑赢灾难的一代新人？他并没有给出一个完整答案，而是提出另外一个问题，“什么是当代中学生最缺乏的?”他回答道：“他们有知识，却没有是非判断力；他们有技术，却没有良知”，他们患有“人类文明缺乏症，人文素养缺乏症，公民素养缺乏症”。

医生发现，病人马小平从不过问自己的病情，而是整天在病床上捣鼓笔记本电脑和扫描仪——马小平从逾千册藏书中挑选了 130 篇文章，按类别分成《人文素养比数理能力更重要》《公民的诞生》等 16 个篇章，合编成《人文素养读本》。文章的作者有罗素、爱因斯坦、龙应台、王小波、贺卫方……

出院后，马小平坚持重返岗位，并向学校建议开设“人文素养选修课”。此后，《人文素养读本》内部刊印两万本，而马小平因该课连续三年被评为最受欢迎老师，直至2009年癌症复发再次住院。

有一天，阳光很好，深圳中学学生向婧看见马小平老师站在教学楼下，茫然四顾，半天不动。原来，马小平因为脑部的胶质瘤，连去教学楼的路都不记得了。①

在曲折的成长过程中，马小平老师努力学习和进取，遵循教育教学的规律，不断形成专业自我，在教育教学中造就自己的风格；在应试教育的大背景下，带动周围的同事一起，一直致力于探寻提升学生的人类文明、人文和公民素养的路径。

我想，马小平和魏书生一样，不管时代如何变化，对教育教学始终遵守其自身的发展规律。魏书生介绍他的经验实际上就是4个字：科学、民主，几十年风吹雨打都不变。他们不抱怨社会的体制和机制不完善，不为外界功名利禄之心所浸染，勇于坚持自己的个性；他们是不断学习和进取，肯于动脑筋想办法，竭力排除干扰和阻碍，让学生少受一些应试教育伤害的勇敢的战士；他们在尽力治疗社会、家庭和学校使孩子患上的人类文明缺乏症、人文素养缺乏症、公民素养缺乏症。如果我们的社会和学校里这样的有识之士多了，教育就会有美好的前景，就可以为学生及其家庭的健康幸福铺砖添瓦。

我一直在思考：为什么中小学校这样的有识之士这么少？

首先，当大家都为孩子赢在起点一拥而上的时候，很少有人思考为达到目标，所使用的手段是否符合人性和客观规律，能不能达到孩子的终身乃至社会的可持续发展。蒙台梭利说②：“有人认为，如果我们要培养自由、民主社会的称职公民，教育就不可太早开始。我们既然讲自由、民主，怎么可以在生命刚开始的时候，就让孩子忍受暴虐，服从独裁者呢？我们怎可一面讲民主，一面又培养奴隶呢？真正的民主就应从生命的早期开始培养，而不是在成人阶段。这些孩子的能力减弱，变得鼠目寸光，身心俱疲，意志也常被大人所左右。正如大人常说‘把你的意见放在一边，听我的！’那么，我们又怎能期待他们在完成学业进入社会时，能接受并使用他们自由的权利呢？”一直以来的应试教育造成了这样一种恶性循环：儿童从小就在社会、学校和家庭的压迫下，服从一切教学和考试，就算遭受了很没

① 360百科．马小平[DB/OL].

② (意)玛利亚·蒙台梭利．新世纪的教育[M]．郭景皓，译．北京：中国发展出版社，2015.

有人性的教育，也不得不忍受，甚至以提早结束生命来抗争。这样下去，活着的儿童长大了到社会上，不可能拥有自己的思想、头脑和主见，会随波逐流，面对现实不会辨别和批判，对于时刻发生的变化又不能有效应对。那些长大后作为教育者的，又继续造就新一代只会忍受和考试的人。周而复始，我们的儿童成人化一直在加速推进，我们的应试教育屡禁不止，儿童文化在最合适生长的地方、最合适生长的季节错过了本真的生长。

其次，还有更深层次的原因。布约克沃尔德说①："游戏的机会，作为创造性和创造力想象的源泉，必须得到保护和加强。歌唱，这是语言形式的游戏，是联结个体内部世界与外部世界的缪斯性桥梁的基本因素。""如果内在世界和外在世界连接起来的接缝被削弱了，想象的翅膀就会被夹起来，导致缪斯性突破的感觉能力和理解能力也会减退。据威尼科特(注：英国心理学家 D. W. 威尼科特)的看法，这样导致的结果，将是受到其影响的人或屈从于他或她的周围环境，或屈从于自身生理要求，以一种退缩的态度而告终。在威尼科特看来，这就是健康与病态的分界，生与死的分界。那些有着缪斯本能的人敢于将内心的梦想播种于外在现实，让外在现实因内心梦想而更为丰富，他们所做的不是让这两者或其中之一破裂，而是让两者都获得生命。"我认为这段话，精准地表达了魏书生等一代知识分子对于平衡教育理想和教育现实的有力作为的深刻动因，以及大多数社会人和知识分子对于童年及儿童文化的加速消逝和应试教育屡禁不止的现状，要么向现实臣服，要么拍案而起、拂袖而去不作为的重要原因。

应试教育里是没有游戏的地位的。因为它的目的是通过长时间的重复训练达到对知识和技能的掌握以便获得考试的成功。魏书生们小时候所在的那个年代，游戏在民间还在旺盛地生长，学校里的生活也还充满着幸福；他做老师的时候也深知教育教学中游戏的地位、价值和作用。正像上述魏书生带领学生做游戏的案例里所叙述的，他从来没有屈从于现实的应试教育环境，以一种退缩的态度而告终。在我看来，他是一个有着极强的缪斯本能，敢于面对现实的压力，立足于现实，不屈不挠、坚定执着追求自己教育理想的人。他赋予现有的教育以情感和人格性、智慧性以及民主、科学、自由、幸福的可持续发展的生命性，实现了我们认为双赢的理想。这其中公民或教育者的责任心也很重要。每个孩子都需要一个过程去寻找自己，去发现自己的渴望和动机，并把这些内化为人格力量，形成"自我效能感"。这个过程是漫长而必需的，尤其是青春期的孩子，他们面临许多成人

① （挪威）让-罗尔·布约克沃尔德．本能的缪斯：激活潜在的艺术灵性[M]．王毅，孙小鸿，李明生，译．上海：上海人民出版社，1997.

的问题，如友谊、恋爱、志趣、独立，能否成功地处理这些问题，依赖于从儿时形成的自我管理能力，这需要在交往、玩耍的社会化过程中，学会表达自己、解决问题、理解和处理人际差异等。由于孩子们还不可能经历真正的社会化，基本要通过学校教育来建设和造就模拟的社会化情境，借助主要教育教学形式游戏化的教学，在体验中学习。而且，人类文明缺乏症、人文素养缺乏症、公民素养缺乏症也可以借助其培养和治愈。

北京大学海归教授饶毅在2016年10月9日的微信公众号“知识分子”上发表文章“到底要不要送孩子出国读书?”中说道：中文的考试，是理解文字、总结内容、举一反三，而不对文章进行分析批判和创新，更不谈在分析和批判的基础上思考怎么写得更好、更有创意。中小学缺乏批判性的训练，其实对社会造成的损害不仅是不互相批评，而且还有一个更大的问题，就是一批评起来就没有理智。理性讨论的过程，对于建设一个真正理性又和谐而不压制的社会，是非常重要的，对增加社会的向心力也会很有帮助。

在10年的跟随、指导教育见习、实习的过程中，我发现面对中小学课堂诸如吼骂甚至体罚学生；上语文课不朗读；上音乐课没有情感、人格的参与和体验，干唱死唱差不多一学期学到的歌曲；照本宣科；枯燥的训练和作业极多等现状，师范生能够有自己的看法和主见，并创造出科学、先进、适应儿童的教育教学方法的极少。他们走上工作岗位后，屈从并很快融进周围环境，继续做着应试教育忠实的贯彻者和追随者，害怕跟周围人格格不入变另类而遭排挤。有的甚至认为魏书生只是个案，中学已经不学习魏书生了。应试教育造就了一帮没有批判意识和思维，更没有创新力，得过且过的中小学教师。这真是一种恐怖而深远的影响。

还有更严重的是，从小被规定并强制读书的儿童在长大后继续保持读书习惯的很少。很多中国的孩子从小读书是被迫的，苦不堪言的，而且对于他们自己喜欢读的课外书，学校和家庭要么不创造条件让孩子读，要么不准读。书籍和学习是通向未来的道路。当昔日的儿童成为教师，一不思考和想象，二不学习，三不进取，屈从于周围的环境，应试教育当然可以大行其道。

第三幅：小花的学校在上级检查时，除了语文、数学以外，会上平时不上的课程，如品德、科学、英语、音乐、美术、计算机、体育课等，上级一走，就恢复原状，只上语文和数学课。

由于中国传统观念认为语言和言语智力以及数理逻辑智力是智力的唯一组成，它们是学习其他知识的基础，再加上如今对高考只考语文、英语和数学三科的误解，更强化了这种认识；教师们的教育教学思想和习惯很难改变，努力学习也不足，对新课程改革的精神也没有深入领会和真正贯彻，导致基础教育新课程改革多年后依然格局如旧。

100 年前，蔡元培教育总长，曾经和教育次长，著名的教育家范源濂有过一次争论：到底大学重要还是小学重要？蔡元培认为大学更重要，而范源濂认为小学更重要，因为不是所有人都能上大学，但是几乎都要上小学；另外大学主要是专业教育，而小学是人格教育，可以奠定一个人做人的基础。

小学阶段是培养一个人知识、能力和人格的基础性教育阶段，也是培养综合化素养的阶段，关系到一个人终身发展的品质和可持续性，因此，应该以综合课程为主，分科课程为辅。综合课程的设置有利于密切学科的联系，学科与社会生产、生活的联系；有利于学生以联系、整体的眼光去感受客观世界，认识事物，能更好地满足学习与发展的需要，使学生、学科与社会的发展需要得到协调统一。中考和高考也早就不只考这两门，小花的学校领导和教师都没有从根本上认识到这一点。上级来检查就做做样子，上级一走就恢复原样。新课程改革也助长了弄虚作假之风。

第四幅：小花的老师们上课一般很严肃，甚至很凶，声音、表情甚至是武力是他们管控课堂的武器。

教师们习惯以严厉的态度控制课堂和儿童。他们不懂儿童在入学后的第一天，就已有了学习的决心和坚强的意志来面对此后的整整 6 年时间，教师应该了解和理解他们，做他们的好帮手和支持者。正如前面的分析和解释，儿童会带着无畏的勇气，虽然他们不断地遇到新的挑战、要达到新的高度，但是为了能在成长中获得成功，为了能够开辟出一条他们可以奔跑、可以唱歌、可以欢笑、可以游戏，也可以满怀信心地学习的道路，儿童必须有一种天生的战无不胜和永垂青史的信念，这也是战胜困难的力量源泉。正像前面的小学生月月对学习的自信一样。

曾就读于江苏省南京市拉萨路小学，后来读到国内外大学名校的两位毕业生曾在“六一”儿童节前后声讨自己在小学度过的黑暗岁月。他们说：我们赞成严厉的教育，但是通往成功的道路有千万条，不是单靠修理、体罚、摧残这种方法就能取得的。他们认为自己的成功恰恰更多的是从温暖的力量那里得来的。在他们的小学就读过的孩子，此后学习的后劲和潜力都在逐渐减少和消逝。

美国著名教育家曼恩说：“习惯仿佛像一根缆绳，我们每天给它缠上一股新索，要不了多久，它就会变得牢不可破。”教师严厉地管控课堂，这样做的直接后果就是孩子们在课堂上不敢自由表达自己的思想和情感，久而久之就不想表达自我了；而且，据笔者在教小学生时候的观察和思考，他们会对老师形成一种奴性和势利，对语文、数学这两门课的老师，会表现乖一点；对其他课的老师会不配合。更严重的是，孩子们会学会崇尚暴力，用暴力解决问题。不使用暴力的老师，孩子们可能不听从。无数事实证明：从小被过度操控、严厉管制的儿童，不但不能在一种让人紧张、压迫的氛围中产生愉悦的、主动的学习和自我成长，而且往往缺乏自信、自尊和社交技巧，不是依赖成性就是自我压抑，严重者甚至会出现心理崩溃或自杀行为。

第五幅：小强这样的孩子按本性来讲，是具有个性和反抗精神的孩子。可是在单纯以学习成绩来评价一个孩子的学校里，他是不优秀的，被学校和家庭甚至社会排斥。随着时间的流逝，他的反抗精神依然没有磨灭，而小花这样的孩子会变得越来越“乖”。

长久以来，应试教育主要以考试成绩来甄别和选拔儿童，而不注重儿童多元化发展的过程、学校和教师改善教育教学实践的过程。很多像小强这样有自己的特长和个性的儿童被学校、家庭甚至社会排斥。这样的评价体系和机制对儿童、教师和学校的发展特别不利。人的个性不会轻易被环境全部磨灭，但是环境却会让如小强和小花这样的儿童在最关键最敏感的阶段错失发展的良机。

第六幅：小花所在的学校书籍不多，应试教育之下孩子们的营养更缺乏。

我在教育生活中观察过很多孩子，也得到了不少长大以后的孩子的反馈，他们认为如果不是在课外看的那些书籍给了他们营养、寄托、希望、兴趣和想象等，那么当初他们在学校应试教育中会更加感受不到温暖，看不到光明和未来。我想我自己也是这样长大的。多读书，不仅能使儿童心胸宽阔、视野辽阔、丰富知识，而且还有助于他们课内的学习，更有助于儿童树立远大的人生理想，丰富自己的人生。在应试教育不可能立刻改变的现实之下，学校应该为儿童创造读课外书的环境，尽量减少应试教育对儿童的伤害。

第七幅：青春期是儿童走向青年的重大转折期，关系到一生的发展。而在小花她们的人生的关键阶段，学校和家庭的帮助和引导作用很缺失或是处于盲区。

儿童的青春期是人生发展的关键阶段，身心方面会出现很多变化。其间，他们的身高体重迅速增加，性器官逐渐发育成熟，第二性征出现；同时，处于“第二次心理发现”“心理断乳”“第二反抗期”，儿童的抽象逻辑思维开始成为主要思维形式，思维的独立性和批判性特点较为突出，但还很不成熟；儿童开始关注自己的身体和“自我形象”，自我意识和独立意识增强，但是情绪和情感起伏剧烈，情感的两极性及脆弱性特点很明显；开始建立友谊和产生异性之爱的需要。由于身心方面的变化从未如此剧烈，儿童急需学校和家庭的体谅、宽容、帮助和指导等。

在此期间是否能平稳渡过，关系到儿童和青少年乃至国家和社会的长远发展。

可是由于长期以来我们对儿童、青少年身心发展的不重视，加上应试教育大行其道，还有因为前已述及的各种原因，学校和家庭合作意识淡薄、合作关系疏远，对儿童和青少年的帮助和引导很缺失或是处于盲区。

第八幅：手机等现代信息传媒技术加快了儿童成人化的过程，而学校和家庭缺乏指导。

掌握信息技术是快速发展的社会和科技的要求。整个社会特别是家长要么容许孩子上网，但是缺乏监督和指导；要么谈网色变，采取极端方法禁止或限制孩子上网。对不少儿童来说，最方便快捷的方式就是用手机接触网络。为防止不良信息毒害儿童，使儿童健康上网，上健康网，学校和家庭要不断加强网络安全的学习，指导儿童健康上网，为儿童构筑防火墙，使儿童学会自觉抵制不良信息。

第九幅：闲暇时间是儿童和儿童文化发展的大好时机，但是基本利用不够。

小学阶段正是儿童身心发展和儿童文化发展的关键期，而闲暇生活是他们生活中不可缺少的重要组成部分。早在中国古代第一部教育学名著《学记》中就提到“时教必有正业，退息必有居学。不学操缦，不能安弦；不学博依，不能安诗；不学杂服，不能安礼。不兴其艺，不能乐学。故君子之于学也，藏焉修焉，息焉游焉。夫然，故安其学而亲其师，乐其友而信其道，是以虽离师辅而不反也。”意思是，按时令进行，各有正式课业；休息的时候，也有课外作业。课外不学杂乐，课内就不可能把琴弹好；课外不学习音律，课内就不能学好诗文；课外不学好洒扫应对的知识，课内就学不好礼仪。可见，不学习各种杂艺，就不可能乐于对待所学的正课。所以，君子对待学习，课内受业要学好正课；在家休息，要学好各种杂艺。唯其这样，才能安心学习，亲近师长，乐于与群众交朋友，并深信所学之道，即便离开师长辅导，也不会违背所学的道理。

“游息”和“居学”从现在来看，就是我们说的课外活动和闲暇生活。闲暇的三个要素是“闲暇时间”“闲暇状态”“闲暇活动”。小学儿童的闲暇时间是指儿童除了满足正常的生理需求和上课、完成作业以外的时间。闲暇生活质量对小学生全面发展起着举足轻重的作用，既有助于儿童的全面发展，又有助于儿童发展个性和实现自我。在这样轻松自由的氛围里，儿童和儿童文化才可以得到“海阔凭鱼跃，天高任鸟飞”式的自由张扬和发展。但是儿童的闲暇生活正在被社会各方面所忽视。孩子们不但在学校没有玩游戏的时间，课余时间很多时候也都被各种类型的课外补习和培训所占据。即使放假时自己有了闲暇时间，但得不到家长和老师的帮助和指导，也不知道要做些什么玩些什么。我会经常听到我教过的和没教过的小学生们说：老师，好无聊啊。胡适说过，你要看一个国家的文明，只需考察三件事：第一看他们怎样待小孩子，第二看他们怎样待女人，第三看他们怎样利用闲暇的时间。社会、家庭和学校应该共同致力于为儿童与儿童文化的发展创造机会和条件，帮助和指导儿童与儿童文化的发展。

（三）关于“对初一生活的回忆”①的问题思考

学生一：

初一对老师是什么感觉？这个问题的答案现在可能有点模糊了，毕竟过去了8年左右，何况我在初一的时候，生活大抵很平凡，也没有发生什么轰轰烈烈的事。和千千万万个孩子一样，我来自中国最遥远最落后的山村，所以刚走进初一的时候我是很不适应的。一方面，不会讲普通话。另一方面，还是真的很依赖父母。我记得当起床的铃声响起，那么多孩子都拿着盆，挂着毛巾，挤着牙膏去大水池下排着长队，洗脸刷牙的时候，我也站在人群中，冷得发抖。那时我很想家，因为家里不需要那么早起床干活，也不用那么规范地洗漱。这可能是工业文明第一次对我幼小心灵的冲击，虽然很难看得出来。另外，初一我遇到的班主任，是个女老师，一个“狠抓纪律”的老师。说实话，我不喜欢她的教育方式，那种照本宣科，同时又让学生无条件接受和背诵课文中心思想的方式。至于上文提到的“狠抓纪律”，我记得我们班不知被她“教训”了多少次，以暴力的形式，直到今天，我仍清楚记得她挥鞭打人的力度就像一个男人劈柴。至于其他老师，我很难再记得清楚，或许他们都一样：平凡地教书，平凡地做人。但是我也没少被他们揍。总之，我的初中，是我在受教育过程中受到暴力最多的时代，所以我不怎么怀念它。可见，我那时对老师的感觉，排斥甚至是讨厌。

对学习什么感觉？我个人认为，那时候我根本没有对学习抱有什么目标和计划。一方面，老师们只做到了“传道、授业、解惑”中的前两者，而教育的真正目的应该是“解惑”。另一方面，可能是当时自己梦想比较模糊，只是把学习当作为父母读，为老师读的事情。

初中教育对我现在的影响？我将说，初中教育让我学到了很多基础性的科学文化知识，但是对我现在影响不是很大。我想那时的我在学习课本的同时也需要点心灵鸡汤来指引吧，但是那时的我们都是靠自我觉悟来给自己创造信仰，给自己梦想的。当然，每个老师，每一本书，每一个阶段的教育，对我们的影响，都

① 笔者从自己的教育教学环境中收集。

是有的，只是大小不同。我们就像一条河流，而这些影响就像每一条支流，我们只有吸收每一条支流，才能不干涸，才能变得汹涌澎湃，最后流到大海！

学生二：

时光荏苒，再回首，总有那么一段故事，历经了生活的物是人非之后，它并没有随着时光的过往褪去原本的色彩，而是在岁月的洗礼中显得愈发珍贵，以至于在我们的心里挥之不去……

那一年九月，懵懂的我满怀好奇地走进了那所坐落在群山之间的中学，走进了那个亲戚朋友引以为荣的班级。可也许背负着家人太多期望，我在这个当地出名的班级里迷失了方向，仿佛像一艘没有导航的船。我迟迟无法适应突然增加这么多课程的初中生活，整天不在学习状态，加之处处存在成绩排名等竞争压力，我感到很绝望。赶不上同学的脚步，这对于一个有上进心的学生来说自尊明显受到挑战，最严重的时候我曾想过退学。直到有一天，一个人的到来改变了我这种充满负能量的学习生活。

记不清是哪位同学走进来告诉班上同学："我们的政治老师(应该是思想品德)要换了!"可我却对这条消息没有任何好奇，因为我习惯了"三点一线"式的生活，以为在这样的学校换老师很正常，对我并没有什么影响。可很快我就发现自己错了，在她身上我看到了一种希望。

伴随着清脆的上课铃声，一个面带微笑，留着短发的女老师出现在我们的视线中。在那一刻我迷离的眼神亮了，这自然而然的微笑对我来说甚是久违。可接下来她的上课方式更让我感到惊喜。她的教学模式、教学方法是我们没见过的，因为在我们偏远的民族地区，学生所处的教学环境太过传统，家庭的"棍棒出孝子"式教育和学校的"严师出高徒"式教育"完美地"结合在一起。对大多数老师的拳打脚踢，学生从最初的反抗到习惯，再到顺从，这个接受过程是那么自然。可这个老师却让我们明白了打人是不对的，情况严重者还会受到法律的制裁。

因为在她的课堂，学生随时可以打断她的话向她提问，所以课堂气氛比较活跃，上课时学生紧绷的心就放轻松了许多，学习效率自然而然就提高了许多。她还会组织学生做各种有趣的学习活动。记得有一次，老师组织了一个关于理想的调查，我记得我当时的观点是先把自己变得足够强大才能谈论奉献。初二的时候，她要回到大学里继续教书，甚是可惜，不过在这短暂的时光里，我们已经在模糊的学习生活中学会了要对以后的学习生涯有一个规划。一晃好多年过去了，虽然她那种先进的、人性化的教学哲学在大学里已随处可见，可在当时，那份感动却真正让一帮对未来迷茫的学生见到了最初的光明，那份光也早已烙印在了那帮可爱的人的心里。

在漫漫黑夜里，一丝光明能拯救很多迷路的行人；在漫长的学习生涯里，能够遇到一位这样慈爱的老师，无疑也是一笔巨大的财富。或许在不久的将来，我也会走上教书育人这条路，我能做的就是和曲而歌，继承她的如此优秀的教学理念，做一个能让学生敬重，为家乡教育事业贡献自己绵薄之力的教书匠。

这两篇文章是两个云南省的大学生在回忆了初一乃至整个初中的学校生活后所写。

英国夏山学校的毕业生伊丽莎白·帕斯卡尔回忆自己的小学生活后说①：

尼尔的学校给了我持续学习的信心和能力。我至今仍有一颗求知的心，我也喜欢动手实践，喜欢学习新技能，我总能在烹饪、缝纫和编织中找到乐趣。我小时候从不觉得无聊，可以说我一辈子都很少感到生活枯燥。我懂得享受独处，也乐于与人交往。宁静或热闹，快乐不变。学校无疑也影响了我对待孩子的态度。自治会议是一个尤为重要的元素，是学习理解他人和解决分歧的绝佳途径。这种实践民主的形式，应该推广到更多学校。我曾在拜访莱姆里吉斯时，看到十多岁的德里克·博伊德主持自治会议的情景。他从中体现出的能力令我佩服。比起上一次见到他九岁时的样子，短短几年，他的自信心变化之大，令人赞叹。

我觉得尼尔的观点是对的，如果让孩子自由发展，当他想学的时候，他会学得非常好。这个结论对所有的孩子成立，即使在普通学校，如果给孩子一定的自由，少对他们催促唠叨、评头论足，那么他们在12岁左右，就会突然开始学习。但对于一般的孩子，也不必彻底放任。我觉得自愿上课的方式，适用于那些被过度压抑，或被严厉管教管坏了的孩子。但如果老师确实优秀，孩子会喜欢听他的课，事实上，我并没有十足的信心，说授课不是最好的教学方式，写作业和听课可能是相互促进的。我不敢下断言。任何看起来有效的方法都是有价值的。教条主义是不对的，我觉得尼尔就有点教条，这正是我和他存在争议的地方。那时这种感受就已经很鲜明了，当然，当时我的表述方式一定和现在不一样。

对于类似的学校，有可能出问题的是学校的教职员，很多人有自己的问题需要解决。要记住的是，自由学校的教师并不自由，相反，他们应该比一般的教师更自律。

教育到底做了什么、是怎么做的、做得怎么样，学生最有发言权。对比来看，中国的学生不愿意回忆过去的学习生活，那些都与暴力连在一起，过去学到的只

① (英)侯赛因·卢卡斯. 夏山学校毕业生[M]. 王靓，译. 上海：华东师范大学出版社，2015.

是学科知识，没有对心灵成长的关怀。只看回忆录，就了解以前的学习是单调的、乏味的、没有温暖的，对现在和以后有作用的基本只在知识方面。而外国学生的回忆很丰富：对学校和老师抱着感激之情，对过去的教育教学有自己的见解和看法，认为过去对自己后来的人生是有极大的促进作用的。

德国人认为，孩子是德国的未来，教育是整个社会的责任。在很多人看来，德国"二战"后之所以能崛起，与他们"严谨""勤奋"的民族性格密不可分。而人们通常认为，德国这种高素质的民族性格，得益于对教育的重视。正如美国黑人民权运动领袖马丁·路德·金说过的："一个国家的繁荣，不取决于她的国库之殷实，不取决于她的城堡之坚固，也不取决于她的公共设施之华丽；而取决于她的公民的文明素养，即在于人民所受的教育，人民的远见卓识和品格的高下。这才是真正的厉害所在，真正的力量所在。"

在德国，有一本关于儿童教育的书十分流行，书名是*Struwwelpeter*，这本书以很多荒诞诙谐的故事，来告诉孩子们什么是对的，什么是错的。人们最注重孩子的性格、品德培养，很多好习惯也是从小家庭教育的结果。例如：

自理能力：如饮食、睡眠、排泄安排、自理能力训练。

规则意识：盛入自己盘中的食物一定要吃光；必须先吃完饭菜，才能吃零食。

爱心：很多家庭会在家中养小动物，如小狗、小猫，让孩子在亲自照料小动物的过程中，懂得体贴入微地照顾弱小生命。

坚强：孩子摔倒后，只要不是很严重，父母不会马上去帮忙，而是让他们学会自己站起来。

尊重：告诉孩子要尊重别人的隐私。德国父母很多不会在未经过孩子同意时去翻阅孩子的东西。

礼貌：德国父母在寻求孩子帮忙时会说 bitte(请)，之后会说 danke(谢谢)。

理财：德国父母会非常严格地控制零用钱数量，会让孩子做些简单的家务以获得零用钱，避免不劳而获。

承担后果：有一个德国母亲对自己总是起晚的儿子说："很遗憾，我不能开车送你去学校。这得怪你自己，你可以选择是放弃早餐，还是迟到。"

承担责任：在严厉的德国家庭里，如果孩子忘了把脏衣服放进洗衣袋，他就要继续穿脏衣服。

诚信：德国家长首先会以身作则，并经常会告诉孩子，要遵守约定，不能轻易誓言，答应过的事情，要在规定的时间做到。

自信：德国家长非常重视自己孩子的自信培养，哪怕是一点点的进步，家长都会给予更多的鼓励和赞赏，因为他们知道孩子从小的自信来源是父母。他们也决不以成绩的好坏去评定孩子在其他方面是否优秀。

合作：在德国，无论是家里还是学校，都会有意识地为孩子们组织一些集体活动。因为在德国有这么一句话："一个人的努力是加法，一个团队的努力是乘法。"

长大后的德国人的好习惯包括：

爱读书：有91%的德国人在过去一年中至少读过一本书，23%年阅读量在9～18本之间，25%年阅读量超过18本；礼貌和谦让；准时；注重家庭；拥有记事本；遵守交通规则；注重生活质量；注重环保；严谨；契约精神（德国品牌质量的承诺）；不屈不挠；遵守社会秩序；具有公共道德；具有同情心；爱国；尊重生命。

真正的教育是什么？教育的英文单词是Education，它是三个词根的拼写，前面的"E"是向外的意思，"duce"是引导，"tion"是名词，本意是引导出来。所谓的教育，就是把一个人的内心，真正引导出来，帮助他成长成自己的样子。一个社会，只有个人能认知自己，社会才能认知自己，才有美好的未来和幸福生活的能力。

而以上英国的夏山学校和德国的做法，正是按照教育本来的要求，在化育学生。学习知识和考试不是不重要，但不是唯一重要的；他们着重于孩子的健康成长和未来的幸福生活，告诉和引导学生培养好的性格和品德，以及终身受用的好习惯。

（四）关于"多开实践课和艺术课"[①]的问题思考

我在所教的面向小学就业的师范生中做了个小调查，发现特别是走上教师岗位工作后的学生认为：当去教小学生的时候，怎样面对小学生特别是不爱学习的小学生进行针对性的教育教学，怎样和家长交流、沟通，面对、团结各种素质的家长一起对孩子进行教育，很多时候教师们束手无策；有个在读但在小学代课的学生说：我们应该学一点钢琴、手工课程，我觉得在学校里学到的知识对未来工作的开展力度不够。有时候不太会做教具，所以想增加些手工课。

以上反映在师范生中很普遍，加上我十多年来在中小学及幼儿园来往穿梭的所见所闻，所述师范类院校以上的缺失或不足已经严重影响到了师范生的教学素质和中小学及幼儿园的教育教学质量。

师范生刚走上工作岗位，作为新手，他们的教学实践能力不强，面对教学实

① 笔者对周围教育教学环境的调查。

践中的难题束手无策，这说明他们至少在师范类院校里能力的训练、锻炼就不够。师范类院校在儿童文化包括核心游戏和艺术文化方面建设的缺失，一是主要受社会上儿童成人化、应试教育和儿童文化缺失或不健全的影响，二是没有发挥高等院校作为先进儿童文化建设、发展的引领和示范作用。在师范类院校，教师对教育教学忽视或漠视终极受益者是儿童本身，教师们很少或没有启发、引导和带动师范生探索儿童身心发展规律、儿童认识世界和把握世界的方式，加上多年的重视理性技术性，重视理论轻视实践的价值观念、思维方式和行为方式，与中小学幼儿园缺少深度合作，没有深入体察儿童和小学幼儿园的教育教学质量，因此学院缺失或丧失了相应的课程安排和教学模式。

(五)关于“要他们发言就是不开口”的问题思考

2016 年 5 月 22 日，国家级教学名师，教育部教育学类教学指导委员会副主任，东北师范大学原副校长柳海民教授在全国教师教育精品教材编委会、贵州师范大学主办的西南四省(市)教师教育课程改革学术会议上做了学术报告，他提到：我要上课的学生发言，他们就是不开口啊。

柳先生的“要学生发言，学生就是不开口”的话引起了坐在下面聆听的我的共鸣。

无独有偶。2016 年 8 月 27 日，微信公众号“学术中国”发表了美国哥伦比亚大学教授林晓东的文章《美国大学教授：不论我怎么鼓励中国学生，他们就是不说话》。文中说：越来越多的中国留学生已经深刻地体会到一点：美国的课堂充满讨论、辩论和自由提问。教授们鼓励学生根据提前布置的阅读材料自由提问、深入分析、批判性地思考和吸收前人的观点。这种教育方式背后蕴含的丰富理念至少可以归纳为两点：第一，学生不仅可以向老师学习，而且也应该尽可能多地与同学交流并互相学习，教授绝不是学生们汲取知识的唯一途径。第二，同学拥有和老师同等的提问与质疑的权利。

然而，很多来自中国的留学生并不习惯这样的理念和做法。在他们看来，学习就是为了获取正确答案或者标准答案，而课堂讨论和互相提问始终没有直接给出一个他们想要的答案。文中的中国女留学生跟林教授说：“林老师，我之所以来找您，说出我的困难，因为您也是中国人，我猜想您一定会理解我的苦衷和困难。如果您是一位美国教授，我会直接把课退掉，再去选一门我更习惯的课。”

美国亚利桑那大学的 Levin 教授在答卷中抱怨：“不论我怎么鼓励我的中国学生，他们就是不说话！在我的课上，最安静的一群人肯定是中国学生。他们不说话，我无法确定他们是否听懂了我讲的内容。”伯克利大学教育学院的教授 Gomez

反馈说，“我的中国学生只有在得了低分后才找我沟通。其实，他们应该早点来跟我讨论一下怎样才能得高分。我真的不太理解，他们似乎很少在课外与教授们接触，他们完全可以利用这些机会更好地进行沟通啊。”

林教授在文中说道：我问过许多中国留学生为什么他们在课堂上这么安静。他们的观点不外乎以下几种：

(1)从小我的父母和老师就告诫我：找到了正确的答案再讲出来。

(2)在没想清楚前就说出自己的看法是非常浅薄的表现。

(3)当我发现我的答案跟别人不一样的时候，我不好意思说出来。

林教授总结了美国教授们的答案，其中有三种技能是所有教授都提到的：良好的写作能力(好多中国留学生无法明确提出自己的观点；或者不知道如何佐证自己的看法)；提出问题并批判性思考问题的能力；良好的表达和沟通的能力。

最后，林教授总结道：中国的教育界需要进一步关注并思考：我们的学生在跨文化的背景下学习时表现如何；哪些能力的欠缺限制了他们的发展和成功；我们的教育工作者应该如何提高学生所需要的这些能力；在教育全球化浪潮的今天，我们必须反思是否为培养全球化的人才做好了准备。

那么，中国学生为什么普遍地缺少良好的写作能力、提出问题并批判性思考问题的能力及良好的表达和沟通的能力呢？原因主要得追溯到小学的课堂里去了。因为学生们在基础教育阶段，在儿童发展的关键期和敏感期，教师就错过了培养以上能力的最佳时机。

二、学校中儿童文化面临的问题概括

(1)从幼儿园开始，儿童的管理者和教师很多对教育教学的规律不知晓，而且目中无儿童。儿童被当成和成人一样的人，他们的成长过早过快，体力、精力、想象力和创造力过早地被透支，健全人格的培养被忽视。学校成为社会上儿童成人化、小大人化的推手。

(2)儿童和儿童文化的主要生长地和发展在学校，是家庭和学校共育的结果。但是学校教育不仅在整体上与家庭教育基本是脱离的，而且给身在其中的儿童和儿童文化提供了太少的发展地位和空间。首先，儿童的天然思考正在被无视，成人对儿童的认知世界的认识还有待拓展，他们不相信儿童小小年纪可以像哲学家那样能探索高深的问题；儿童的自然生活正在被违背，儿童天然的潜在的本能的生命过程被忽略，遭受了人为的扭曲；儿童身心发展的规律被漠视甚至践踏。其次，儿童的自发学习能力正在被忽视，不仅体现在教育盲目地向儿童灌输成人精神世界的一切内容，而且体现在强迫儿童适应由成人简单设定的学习方式上。最后，儿童的游戏本能正在被抑制。社会上的儿童游戏就在不断消亡，加上在学校的教育教学中，儿童玩游戏的时间和机会也被剥夺，儿童很少或根本接触不到游戏，这种方式一再抑制了儿童游戏的本能，并且加剧了儿童文化的消亡。学校教育不是从儿童的身心健康发展和长远幸福上考虑的，而只是为了追求应试教育和提高升学率。因此儿童和儿童文化的发展都是不适当和不健全的。

(3)作为培养儿童教师，帮助和指导儿童文化发展的师范类院校，主要受着社会上漠视或无视儿童、儿童成人化、应试教育和儿童文化缺失或不健全的影响，并且也没有发挥高等学校对先进儿童文化建设与发展的引领和示范作用，加上多年来重视理性技术性，轻视实践的旧的思维方式的影响，与中小学幼儿园缺少深度合作，因此缺失了有助于儿童和儿童文化发展的课程设置和教学安排。

从以上描述、分析和解释可见，以引领先进儿童文化建设为宗旨和特征的高等学校为代表的各类相关学校，都没有掌握或无视儿童的本质以及教育教学规律，追求应试教育，不但成为社会上儿童成人化、小大人化的有力推手，而且从根本上缺失或丧失有助于儿童和儿童文化发展的课程和教学，在儿童和儿童文化生长和发展的主阵地学校，明显没有把建设和展示儿童文化作为自己经常的、稳定的、本质的表现。

第五章 儿童文化危机的成因

第一节 社会历史和文化传统方面的成因

中国儿童危机的成因与国际上儿童危机的成因有一致的地方，也有自己的特点。

如前面章节所述，多年来，我们不重视儿童本身发展，不重视儿童的本质、独特的地位和价值，我们对儿童也不够爱护，把儿童视为小大人、伪成人，所以会超前加速孩子的成长。随着现代科学技术的飞速发展，网络和电子媒体的出现又加速了童年的消逝。在分析学校里儿童文化的境遇的时候，也一并提到由于中国传统的中庸思想、屡禁不止的应试教育，使得学校中坚持按教育教学规律办事，对应试教育不随波逐流，践行真正的教育的得道者和超脱者很少，这也是加速儿童成人化的重要原因。

中国传统自古有“书中自有颜如玉，书中自有黄金屋”“万般皆下品，唯有读书高”等思想，以及培养人上人、成龙成凤、成名成家、光耀门庭等价值观。不像国外家长甘心让孩子做一个有一技之长的普通人，中国家长缺乏一颗平常心。而由于独生子女政策，这些价值观变得名正言顺，成为主流。所以学校考试竞争非常激烈，学生课外补习如火如荼，家长们想尽一切办法也要为孩子选择名牌学校、重点学校。

另外，还有更深层次的社会根源。

首先是社会利益分配方面的问题。以职业教育为例，职业教育发展的症结不是投入、管理等问题，最根本的是社会阶级带来的社会认可度、个人占有的资源、个人的收益和发展的前景等。大量调查表明，凡是进入了职业教育轨道的学生，最后都进入了社会底层。不管职业教育有多光荣，人们都不愿意把孩子送去接受职业教育。这种状况完全不是单靠教育改革就能改变的，而是要依靠社会阶级利益的调整来实现。

中国儿童从上幼儿园开始就要背负沉重的负担，学校的领导、管理者、教师和家长甚至全社会也一并跟着承受。平时的辛苦自不待言，特别是当中考、高考临近时，孩子的晚自习有些要持续到深夜，全家再忙再累都跟着不休息；高考那几天全社会都要为学生开绿灯。因为中国人口多，就业压力越来越大，同时现代化意味着高科技不断出现，产业对劳动力要求的数量越来越少，但是对教育水平的要求越来越高。另外，社会保障机制未建立起来，找不到工作往往意味着基本生活没有保障，这就决定了老百姓必须通过受教育来竞争饭碗。教育局强迫学校不补课不可能真的达到减负的目的，因为禁止不了社会上的各种补习班，即便强行取消所有补习班，也无法阻止家长给孩子施压。高考不分科、减少考试科目也仍然解决不了问题。

很多有识之士认为，现在人们提到教育均衡，往往会提到东西部差异、城乡差异，但是教师、家长最关心的不是这些宏观问题，而是同一个城市甚至同一个城区学校教育不一样的问题。实际上，从教育专业的角度来看，每一个孩子的人格特征、兴趣爱好、发展水平、发展速度和风格等都存在差异，因此让每一所学校都达到高考升学水平不仅是不可能的，也是不应该的。教育真正应该做的是努力建设正常的学校生态，让学校办出各自的特色，允许孩子根据自己的特点和兴趣选择不同的学校，将来成为自己想成为并能够成为的人。但是，这样的观点，在目前很难被社会大众接受，因为它关系到老百姓的切身利益。

只有社会阶层利益调整合理了，各阶层都能平等分享社会发展成果，这种所谓教育均衡发展的矛盾才能真正得到解决。

以上社会问题实际上是中国应试教育屡禁不止的社会根源，也是主阵地学校在儿童文化发展方面没有作为的根本原因。

其次，整个中国国民特别是家长素质亟待提升。除了以上提及的国民的价值观念有待改善外，还有很多学校和家长没有真正认识到基础教育是每一个人能在社会中生存和继续学习所必需的最基本教育，是每一个人生存发展的基础，是人口素质提高和社会发展的基础。它是“提高民族素质的奠基工程”，对提高中华民族素质、培养各级各类人才、促进社会主义现代化建设具有全局性、基础性和先导性的作用。基础教育的最根本价值在于培养儿童乃至青少年的全面的基本素质，而不只是为高一级学校和教育输送成绩优异的学生，是培养专门人才的教育。儿童乃至青少年本真的幸福生活和可持续发展最为重要。

最后，根据笔者十年来在师范类院校工作中与家长接触、交往时的观察、分析和了解，很少有家长能意识到正确的家庭教育观念和方式方法对孩子的一生有着比学校教育还要重要和深远的影响。家长自己的素质有待提高，与学校联系不主动、不密切，一般爱跟随社会的风潮，只以考试、升学的标准要求孩子和学校。实际上，随着社会的发展，人们思想、观念的不断改变和行为的不断进取，使许多职业中都涌现出能工巧匠，正如 2015 年中央电视台播出的《大国工匠》所展示的那样，他们靠着专注和坚守，传承和钻研，在社会的三百六十行里追求着职业技能的极致化，不断为社会和个人创造财富，他们极大地改变了职业教育中出来的人才在社会阶层和人们心目中的地位。但是很多家长依然没有认真思考素质教育的问题，对社会中涌现的各种职业模范视而不见，盲目跟风，继续残忍地逼迫孩子去考试升学，给孩子一生造成了极大的伤害和影响。

第二节　教育方面的成因

教育方面的成因可以归为三类：教育观念的问题、教育体制的问题和人才培养模式的问题。

一、教育观念的问题

首先，教师对基础教育最根本的性质认识不清楚和不到位，或者因为盲目跟风和功利心驱使，使基础教育变成了“失魂落魄”的教育，置儿童的身心健康和长远的幸福于不顾。在教育教学中过早地使用成人化的方式，采用大量的知识教学和训练，只为追求升学率和考上好大学。

其次，多年来，与社会一样，教育内部也不重视儿童本身，不重视儿童的本质、独特的地位和价值，对儿童也同样不够爱护，把儿童视为小大人、伪成人；同时，不断学习和进取、坚持按教育教学规律办事、对应试教育不随波逐流的教育者很少。

二、教育体制的问题

教育体制的问题主要体现在政府包揽过多，权力过于集中，教育不公平以及公众对教育参与度不够等方面。

三、人才培养模式的问题

人才培养模式的问题主要体现在以考试、分数和升学率为本，而不是以儿童为本，没有从培养儿童成为身心健康的人、成为终生幸福的人出发来教和学。

第六章　儿童文化建设的取向、途径及实施

第一节　儿童文化建设的取向

现象学以悬置的方法为文化哲学奠定了基础，本质直观地使文化哲学成为关于本质的学问，最终以先验还原的方法使文化哲学成为哲学，从而为文化哲学提供了奠基。所以，现象学和文化哲学的关系很密切。

正如范梅南所说①："对于问题我们总是去寻求解答，寻求正确的知识、有效的步骤、必胜的策略、精确的技巧，以及可以获得结果的'方法'。如果某个问题得到解决，那么为这个问题所采取的调查研究就是完备的。对有意义的问题，进行描述、阐释和分析，能让我们更好地或更深刻地理解，在这种理解的基础上，我们就能在某些情境下采取更为周全、机敏的行动。"他认为，现象学有助于问题的解决，但是不能解决问题。

本研究正是基于现象学和文化哲学的密切关系，借助现象学来分析儿童文化建设面临的问题，借助理论指导实践，从而有助于理清解决问题的思路，从文化哲学的视角和文化哲学指导下的文化生态学的视角说明儿童文化建设的取向，以便于儿童文化建设的实施。

一、文化哲学的视角②

(一)文化哲学研究的实践唯物主义视野

实践唯物主义是马克思主义在人类哲学史上实现的伟大革命变革的结晶，它不仅是一种完整的全面的哲学世界观，而且是指导理论研究工作的合理的方法论，

---

① (加)马克思·范梅南．生活体验研究——人文科学视野中的教育学[M]．宋广文，等，译．李树英，校译．北京：教育科学出版社，2003.

② 刘进田．文化哲学导论[M]．北京：法律出版社，1999.

自然也是文化哲学研究的根本方法论。

实践唯物主义把实践和主体性这两个相互生成和相互包含的范畴作为自己的两大基石。生产实践是人的生命活动的形式，它包含着人的特性，即主体性；同时，人的主体性又赋予实践以活的生命力和思考，是一种具有内在价值指向的人的生命活动。

生产实践要求我们在文化研究中以实践为基础和出发点，把文化的主体性和文化的客观性及社会历史性辩证地结合起来；要求文化研究者在注重文化的主体性的同时不能离开文化的客观性和社会历史性，在注意文化的客观性时不要忽略了文化的主体性及其活的生命本质。这也正是实践唯物主义方法的基本特征和优势所在。因此，我们才能说对文化进行的是真正的研究和把握。

实践赋予人与动物不同的本质，使人拥有动物所没有的崭新世界。动物仅拥有一个世界，即自然世界，而人却拥有三个世界，即“自然世界”“主观世界”以及把自然世界和主观世界沟通起来的“中介世界”。中介世界包括工具、社会制度、符号等。人所拥有的三个世界不是相互孤立的，而是一个密切联系的统一整体。人的文化就存在于由这三个世界相互联系构成的有机整体之中，并在其中起着关键作用。如作为文化具象的一件文物有质料(自然世界)、有意念(主观世界)、有形状(中介世界)，这三个世界的结合体现着一种完整的文化。它们有利于整体、全面地认识文化本质及其发展过程，而其统一的基础都是实践活动。

(二)以实践为基础的方法论整合系统

1. 主体性和客观性辩证统一原则

文化研究的主体性原则包含两种相互作用、相互依赖的研究方法：一方面是把“文”归结于“人”，另一方面是以“文”解释于“人”。

把“文”归结于“人”，就是把全部文化现象归宗于作为文化主体的人，使看起来纷繁复杂松散的文化具象统合于人这个一元性的本体，使文化获得生命力和主体性。人是文化的主体，全部文化均是在人的实践活动中被创造出来的，是人的本质的对象化，是人的自我存在的确证和展示。人既是文化的创造者，又是文化的主体。

以“文”解释于“人”是同上述研究思路相对的。这一方法要求从人的整体本质和全面主体规定出发，把握和设计文化，即要求从人的知、情、意、欲(物质需要)、信(精神需要)等主体规定出发理解文化。这种方法既强调主体，又强调主体规定的全面性、整体性。

2. 规范化和表意化方法辩证统一原则

文化既是人的内在生命创造过程以及与此相关的意义和价值系统，又是表现于感性经验文化具象的有规律的现实存在。文化这种虚与实、内与外、共与殊、动与静矛盾统一的特征决定了与其相应的研究方法，即表意化和规范化相结合的研究方法。

表意化方法是通过想象、隐喻、释义、直觉等途径对文化的内在意义和价值系统的掌握方法。它着重揭示文化的生生不息、灵动创造的虚灵性层面，把握的是文化的内在精神实质。文化在本质上并不是自然物理现象，而是人文现象、精神现象。因而决定了文化研究需要运用精神科学的方法来把握。规范化的方法是追求法则，是对事物普遍的、规律性的本质的理解，是从特殊到一般的普遍化方法。而单独使用其中一种并不能揭示文化的完整本质。

一方面，规范化方法依靠数据资料、实际材料、观察经验、客观描述等科学方法是无法把握文化的超越本质和人文意义的。另一方面，我们可以通过表意化方法，通过体验、感悟、隐喻、历史感、象征等方法获得文化的内在超越意义或者说人文本体，但这种领悟和理解常常带有主观性，容易牺牲文化的客观性。由此可见，规范化方法有利于揭示文化的客观性、结构性、规律性，但很难触及文化的超越的内在人文精神和生命价值；表意化方法有助于把握文化的超越的内在人文精神和流动的生命价值，但往往会忽略文化的客观性。二者都存在不可克服的局限性，需要进行整合。因此要将这两种方法辩证统一起来，而统一的基础就是实践。

3. 认知和评价辩证统一的原则

认知和评价是两种不同的运思和观念活动。认知属认识论范畴，是认识主体对认识对象“是什么”“怎么样”等问题的客观反映。认知所形成的是知识，即反映客体尺度的客体意识，不体现人的主体意识和选择。认知的存在和表现形式是理性化、概念化、逻辑化的理论。与此不同，评价是人对事物的一种态度。评价是从人出发对对象的判断和评论，它是体现主体内在尺度的主体意识，蕴含着人的理想、愿望和祈求。

文化认知是对文化不存在好恶迎拒的实然性判断或事实判断，其任务也是弄清文化是什么，对文化获得客观如实的了解。它要求研究者在研究时需抱一种客观冷静的态度，搜集资料，分析综合资料，如实地反映文化的属性、结构、本质和规律。在此过程中应尽量避免价值判断介入，从而避免把客观上的文化同想当然的理想的文化混同起来。

认知方法对文化研究至少具有两方面意义：一是为文化的观念设计和创造提供现实可能性方面的知识，喻示人们在文化创造中什么是可能的、什么是不可能的、我们能够做些什么，从而使人自觉遵守自己活动的客观制约性，给人指明一个活动的现实基础和出发点。二是为文化评价和文化重构提供基础、条件和素材。文化评价不是凭空进行的，需要以对文化的客观认识为条件。只有在研究了文化的客观性质后我们才能对其做出恰当的评价和取舍。文化研究者必须从对文化的客观认识中体悟出、引申出文化所具有的价值。

文化评价的任务是发现文化超越的内在意义。文化中所蕴藏和携带的超越的内在意义是通过科学认知方法难以达到的。一台计算机若用科学方法对它进行解剖、分解，即便将其砸烂也不可能看到它所蕴含的超越的人文意义。它的意义需通过文化评价的方法来了解。

合理评价方法的确立需要合理的评价标准和尺度。如果在评价标准上蔽而未明，就会失去文化研究的方向，陷入主观主义、情绪化、印象化。文化评价标准的确立应从两个层面及其辩证关系中寻取。既要从感性的现实的标准去评价，看其是否能满足人的感性现实需要，实现人的幸福，又要从超感性的超越的人文意义上去评价，看其是否能够体现和实现人的真善美等价值。评价标准不是外在的，而是内在于人的自我心灵之中的。实践会内化和积淀于人的自我心灵之中，形成人之所以为人的良知良能或真正的自我、主体。文化评价实际上以这种内化的良知良能为标准。由于评价标准同实践同构，从而也蕴含两个层面，一是内在的幸福祈求，二是内在的崇高祈求。前者是良知的感性层面，后者是良知的超感知层面，因而评价标准也是对立统一结构。

二、文化哲学视角下儿童文化建设的取向

(1)在儿童文化研究中，以实践为基础和出发点，把文化的主体性和文化的客观性及社会历史性辩证地结合起来；在注重文化的主体性时不能离开文化的客观性和社会历史性，同时在注重文化的客观性时不要忽略了文化的主体性及其活的生命本质，以真正研究文化和把握儿童文化，为师范类院校儿童文化建设奠定基础。

(2)从儿童的整体本质和全面主体规定出发把握和设计儿童文化，即要求从儿童的知、情、意、欲(物质需要)、信(精神需要)等主体规定出发理解文化。这种方法既强调主体，又强调主体规定的全面性、整体性。

(3)规范化方法有利于揭示儿童文化的客观性、结构性、规律性，但很难触及文化的超越的内在人文精神和生命价值；表意化方法有助于把握儿童文化的超越的内在人文精神和流动的生命价值，但往往会忽略文化的客观性。二者都存在不可克服的局限性，需要进行整合。因此要将这两种方法辩证统一起来，统一的基础就是实践。

(4)既要从感性的现实的标准去评价，看其是否能满足儿童的感性现实需要，实现儿童的幸福，又要从超感性的超越的人文意义上去评价，看其是否能够体现和实现儿童的真善美等价值。评价标准不是外在的而是内在于儿童的自我心灵之中的。实践会内化和积淀于儿童的自我心灵之中，形成儿童之所以为儿童的良知

良能或真正的自我、主体。文化评价实际上以这种内化的良知良能为标准，与实践一致，致力于儿童的幸福和社会化。

对于师范类院校儿童文化的文化生态体系中的各类文化建设，以上取向也适用。各类文化都可以以儿童文化的真善美和幸福的价值尺度作为自己的价值尺度。

三、文化哲学指导下的文化生态学视角下的儿童文化建设取向

文化生态学的理论发展最先侧重于文化人类学的视角。文化人类学所致力研究的自然环境的变化在人类早期文化的发展中是一种主要的影响力。因为人类早期改造自然的能力有限，所以必须适应自然环境的变化，因而要矫正自己的文化，创造新的文化。而现在，人类并不是简单而消极地去适应环境，文化发展的实际过程也并不仅仅受自然环境的影响，而会受到多种因素的影响，比如政治因素、社会因素、经济因素、历史因素、文化的内部矛盾、文化传播、文化惰性等，所以文化发展的内在动因更多是在于人类力求最大限度地满足自己的更高层次的需求。另外，如果将文化人类学理解的自然环境对人类文化的影响扩大化，认为人类的身心特征、民族特性、社会组织、文化发展等人文现象受自然环境决定与支配，就会陷入地理环境决定论的泥潭，因此对文化生态的把握应该有更加宽广的视野。本来文化哲学就是关于文化的一切学科的总的世界观和方法论概括，因此文化哲学便顺理成章地成为我们求助的对象。

文化哲学从哲学的价值理想预设出发，直面现实的文化生活与文化实践。它有助于我们研究和批判儿童的现实生活世界和文化世界，从中探求儿童的生存本性、行为根据、存在价值、生活意义乃至前途命运，去求解儿童的现实文化实践背后的人文精神，并展示个体生命存在的多样化特征。

从文化哲学的视角来研究当代儿童文化生态，要在整体和共生观、多样平衡观、动态开放观和层次结构观的大视野下，着重考察具体文化形态之间的关联和相互作用。与师范类院校的儿童文化有关的包括社会文化、学校的文化，后者主要涉及学校文化、学科文化、专业文化、课程文化、教师文化和教学文化。借助这些与儿童文化相关的文化建设，探讨儿童文化建设的途径及实施。

第二节　儿童文化建设的途径及实施

根据文化哲学和文化哲学指导下的文化生态学的要求，师范类院校要让儿童文化成为经常的、稳定的、本质的表现，必须结合社会文化、学校的文化，主要

包括学校文化、专业文化、学科文化、教师文化和课程文化以及教学文化建设。

文化哲学指导下的文化生态学认为，学校的文化是一种生态系统，它不仅要确定文化发展的整体基调，思考如何理顺各种文化类型之间的有机联系，并根据系统的开放性来吸引系统外的因素进入系统内部来增加系统内部的复杂性并进一步改变系统内部的关系；而且，它也是国家、社会甚至全球文化生态系统的一个组成部分，它和这些文化生态系统里的其他要素是相互影响、相互作用的。所以，大学的文化必须保持思想自由、兼容并包的视野和立场，借助它赖以生存的文化生态系统要素——社会文化的变革和完善，促进它自身的发展。

学校的文化主要受到本国社会历史和文化传统的影响。本研究首先论述在社会历史和文化传统方面进行的变革，该变革改善了学校的教育环境，有利于儿童文化的发展；然后再重点论述该变革背景下，有利于师范类院校发展儿童文化的各种文化建设途径及该途径下的建设。

由于文化哲学中文化的核心要素是价值观念、思维方式和行为方式，因此对有利于儿童文化发展的各种文化建设，本书都将着重从以上三个核心要素的建设、完善和改善来展开论述。

一、社会文化的建设

(一)社会价值观念

社会应该对儿童和儿童文化形成正确的价值观。

首先，儿童是国家拥有一定权利和义务的小公民，尽管其身体、心理和社会性发展还不成熟，但是他们拥有基本的人权，他们有着独特的地位和价值，是天生的哲学家、自然的生活者、自发的学习者和本能的游戏者，他们应该有他们自己的快乐和幸福，并不断地为长大成人和满足社会需要做准备。他们是正在发展的人，是儿童文化的主体，在和儿童文化的相互作用中称其为儿童本身，因而不能把他们当作“小大人”，或把成人的一套标准强加给他们，或放任儿童的发展。同时，儿童是具有主体性的人，是会在各种丰富活动中不断建构他们自己的物质和精神世界的人。每个健康的儿童都拥有巨大的发展潜力。儿童的本质是积极的，他们本能地喜欢和需要探索学习，即他们的自发学习性应该得到教育者和家长的理解和尊重，并能够获得教育者和家长的帮助和指导。实现全面发展与充分发展，是每个儿童的权利，其先天的生理遗传充分赋予了他们实现全面发展的条件，只有全面发展，才能得到充分发展。儿童的学习形式是多种多样的，如模仿学习、游戏学习、阅读学习、交往学习、探索学习、实践学习和操作学习等。成人应尊重儿童的各种学习形式，并为他们创造相应的学习条件。

其次，社会的文化氛围和价值观念应该改进和完善。社会全体公民有责任和义务给儿童和儿童文化创造适宜的、健康的发展环境；要像陶行知先生所提倡的那样，让孩子自由选择自己的梦想，做人中人也心态平和，真正自食其力，安闲自在。社会大众的心理、舆论要积极支持、肯定和宣传这种价值观。父母要抛弃短视和功利之心，要关注孩子能否整体地做人，更长远地做人；关注孩子是否能成为最好的自己以及孩子是否具有终身幸福的头脑和能力。

(二)社会思维方式

社会全体公民应该树立正确的教育观、儿童观，培养主动参与教育变革的观念和意识，努力消除人为的促进儿童成人化、小大人化的行为；公民可以以社区和家庭为单位，不断学习先进的教育观念和思想，自觉和学校沟通、交流，共同致力于教育观念、人才培养模式的转变，最终帮助儿童活成自己，使儿童和儿童文化在适宜的空间生长和发展。

(三)社会行为方式

要依靠社会阶级利益的调整，使各阶层都能平等分享社会发展成果；在提升适应现代化发展的教育水平的同时，要建立社会保障机制。

提升社会公民的各方面素质，特别是树立先进的教育观、儿童观、成才观，这要求每个公民要自觉地、主动地为儿童和儿童文化创造适宜的发展环境和氛围。同时，作为公民的家长，还要不断提升教育方面的素养，会教、善教自己的孩子。社区和家庭都要主动和学校沟通、联系，要作为教育的参与者和合作者，共同帮助和指导儿童健康成长、儿童文化不断生根发芽。

学校教育作为儿童成长过程和儿童文化发展过程中关键的主导力量，作为社会先进文化和价值观念的引导者、示范者和推动者，应该把家长群体和社区作为联合的主阵地，向社会大力宣传儿童的本质、独特的地位和价值，儿童的学习特征，儿童成人化的危害性等；在教育教学中联合家长真正以儿童为本，像魏书生和马小平等教师一样，面对社会和教育的现实不是一朝一夕能够改变的客观实际，寻求理想和现实双赢的解决路径。

二、学校的文化建设

(一)教育环境的改善

教育不是竞技体育，也不是杂技训练。21 世纪的学校不应成为教育工厂，不应以知识灌输为目标，不应追求生产统一规格的标准化教育产品。因为社会需要的是身心健康，富有个性，具有想象力和创造力，同时能够追求和享受人生幸福的人。这就是文化哲学所致力追求的人的真善美和幸福的自由之理想，它已经成为中国有识之士的共识。但是要真正改善现状，路还很长。

在政府不断改善社会利益分配机制、社会福利分配机制的背景下，增强政府公共服务的基本职责，保障教育公平；要建立教育公共财政制度，逐步提供基本均等化的教育公共服务。通过广泛的公众参与，建立科学、民主、高效的行政管理。重建政府、社会、学校的关系，通过向学校、家长和学生赋予权利，恢复学校的自主性；通过向地方和学校赋予权利，促进教育因地制宜地自主发展，促进办学体制的多样化。

学校作为内涵式发展的重要部分和先导，首先应该学习和接受教育新思想、新观念，然后承担起全民教育观念的文化启蒙责任，特别是应借助家校合作的途径，联合社区，宣传和传播教育的新思想、新动向。许多有识之士已经认识到：自下而上的、局部的、零散的、个体的、非制度化的、非主流模式的自主创新和探索，不仅可以帮助和改变个人的一生，而且因为成功的示范和感染作用，比行政推动的外在变革更加深刻和持久，凝聚着整体性教育变革的基础性力量。教育环境的改善，既要自下而上，又要和自上而下相结合。政府作为教育体制和机制改变的主导决策者，要进一步简政放权，鼓励创新，形成全社会共同参与教育改革和发展的大好局面。

以上两大问题在解决的同时，也会使学校的人才培养模式走出应试教育，真正尊重和解放儿童，实现儿童和儿童文化的自由发展。

(二)学校文化的建设

日本教育学者佐藤学考察过世界许多国家、数以千计的学校和教室之后认为，主要发生在教育内部的变革是一场“静悄悄的革命”。它是从一间间教室里萌生出来的，是植根于下层的民主主义的、以学校和社区为基地而进行的革命，是支持每个学生的多元化个性的革命，是促进教师的自主性和创造性的革命。华东师范大学杨小薇教授也说过：“唤醒学校内部的改革力量，由内部力量推动的这种变革，是内涵式发展的内涵。”

师范类院校作为社会先进文化的前瞻者、示范者和引领者，必须超越现实的一切传统价值观念、思维定式和行为习惯，不断进行自我反思和批判，实现师生思想自由的文化理想。

1. 学校的价值观念

缪斯是古希腊神话中的9个文艺女神的总称，分别掌管历史、天文、音乐和诗歌、喜剧、悲剧、舞蹈、抒情诗、颂歌、史诗。本书所指的缪斯性是指所有的人类天然的、潜在的艺术性。挪威布约克沃尔德教授认为①，尽管所有人类的智力活动都是建立在理性基础之上的，但是演绎推理的逻辑标准只是智力活动的一种。儿童的“智力”所包括的绝不仅仅是单纯的逻辑智能因素，它是一块七色板：数理逻辑能力、语言能力、身体动觉能力、空间能力、音乐能力、自我理解能力和理解他人的能力等，都是极为重要的，而儿童正是通过游戏，通过“本能的缪斯”种种富有韵律、节奏和运动的外化形式来自然地、高效率地培育着儿童体内的这一切。

儿童文化是诗性的，是感性直觉的、音乐性的、富有想象的、自由的、酒神的(尽情解放原始本能，纵情活动和欢乐的)、具有审美和艺术的；儿童是诗意者、探索者、自由者和启发者。儿童正是通过游戏，通过“本能的缪斯”，来激发自己的潜能，发挥自己的主动性、积极性和创造性。

儿童正是凭借天然的艺术性和游戏的本能性，逐渐接受理性、工具性和技术性的学习，慢慢变成社会化的成人。而且，他们是整体的人，在知识、能力和情感、态度与价值观方面，正处在成长、发展的关键期和敏感期，需要在德育、智育、体育、美育和劳动技术教育等方面得到锻炼和培养。

布约克沃尔德教授指出②，在充满缪斯天性的儿童文化和毫无缪斯情趣的学校文化之间，存在着强烈的冲突(表6-1)。

表6-1　儿童文化与学校文化冲突对比

儿童文化	学校文化
生态整体性	教学分割性
总体生命的发展	每一门课程的进步
生存	有规划的
真实的	第二手的
时间具有连续性	时间被分割为一些碎片
整体性	课程划分造成专业分化
玩	学
口语的	书面语的
直接参与	为将来而阅读
体能相近	体能有差距
尽可能延伸每个人自己的能力	崇尚别人所确定的界限

①② (挪威)让-罗尔·布约克沃尔德．本能的缪斯：激活潜在的艺术灵性[M]．王毅，孙小鸿，李明生，译．上海：上海人民出版社，1997.

续表

儿童文化	学校文化
自己的理解	教师的评估
我已经会做了	你还是不会做
胜任愉快的经验	不能适应的记忆
艺术的	逻辑的
质量标准	数量标准
自主的	谨守日程表
童趣	被迫成人化
今天就干	等你再大点
娱乐原则	实用原则
亲密感	距离感
勇敢	犹疑
冒险	谨慎
移情	客观
为什么	什么
创造	重复
想象力	技术理性
1+1≈X	1+1=2
自由不羁的蔚蓝色小马	已被安了辔头的马
情感的	理智的
原发的	组合的
可改进的	标准化的
不可预期的	可预期的
幽默的	严肃的
吵闹	安静
感觉的	理性的
活跃的身体运动	消极的身体运动
从活动中学到东西	静静地坐着
身体快感的自由抒发	健美操式的规范动作
平等的	有等级的
由自我控制	由别人控制
自由	协调
乱闹	秩序
不妥协的	可协商的
酒神精神	日神精神
可以打破的局限	确定无疑的局限

从当今中国新一轮基础教育改革的现实状况来看，应试教育依然大行其道，许多教师的学习和提升依然不够，没有真正意识到儿童在刚走进学校的那一刻，就面临着以上的痛苦冲突。而且，我们的无知和功利性的教育也在不断强化这种痛苦。师范类院校学校文化的建设要真正在“以儿童为本”的教育理念指导下，植根于终极被教育者和其合作伙伴儿童及儿童文化的基础之上进行。并且，师范类院校作为社会先进文化的引领者、示范者和带动者，要和中小学、幼儿园深度合作，持续改变忽视、轻视和漠视儿童的倾向和习惯，研究儿童的本质、独特的地位和价值、认识世界和改造世界的独特方式，并渗透和贯彻到实际的教学中。

2. 学校的思维方式

多年来，由于中国社会、历史和文化传统的积习，师范类院校基本还处于重视理性、工具性和技术性的学习思维定式和重视理论、轻视实践的思维习惯中，对于儿童多偏重心理研究，对其整体上的观察、分析、了解、理解、尊重不够，对于适应儿童的教育教学规律研究不足，与中小学及幼儿园在本质上相脱离。因而可以说，培养出中国大部分中小学、幼儿园教师的“母机”——师范类院校的教育教学是加重应试教育的根源之一。因此，要从学校层面上改变以上基本的思维方式，把重视儿童及儿童文化直接与学校的办学定位和培养方向密切相联。

学科文化建设、专业文化建设与课程文化建设是高等学校文化的三大基本建设，这三大基本建设的水平、质量和状态决定了学校的办学类型、层次和特色。

(1)学科、专业与课程的关系。本书认为，学科是对知识的一种分类；专业是根据科学分工或生产部门的分工而对课程进行组织的形式；课程是具体的教学科目。

1)学科与专业的关系。

①学科与专业的主要区别。从概念而言，以上对两者的界定表明了两者的区别；从结构而言，学科的元素是知识单元，专业的元素是课程；从发展的核心而言，学科发展的核心是科研，专业发展的核心是教学；从发展动力而言，学科发展的动力来自学者对其的热爱、好奇、追求、创新、恒心以及社会需求等，专业发展动力来自于社会需求；从形成过程而言，新学科的产生表现为学科知识体系的成熟与完善、学科研究者及其研究成果的出现，新专业的出现主要取决于社会对其人才的需求和办学者对其目前和长远发展的价值判断。

②学科与专业的主要联系。二者都有人才培养的功能，都与一定的知识相联系，都以一定的组织机构为依托，都是师生活动的主要领域；二者还相互交叉甚至重合，因此很难把二者截然区分开。

2)学科与课程的关系。

①学科与课程的主要区别。学科是对知识的分类，而课程既可以是对知识的分类，也可以是对知识的综合。作为对知识的分类，一门学科可以分设为多门课程，作为对知识的综合，一门课程可以包含很多学科；学科对知识分类的主要依据是社会需要或教育目标和知识自身的逻辑体系，而课程不论是对知识的分类还是对知识的综合，除了要考虑以上要素，还需要考虑学生的身心发展水平，包括生理、年龄和心理发展水平，个体的知识和能力基础、学习习惯、学习方法、学习风格和可接受性等；大学设置学科的目的是提高学术水平，进而主要把创新性的研究成果变成能服务社会的生产力，设置课程的目的则是提高人才培养质量，满足社会的需要；学科的核心是创新，课程的核心是传承。

②学科与课程的主要联系。学科知识是构成课程的元素，学科的人才培养功能要以课程为中介来实现；课程不仅是对学科知识的传播、改造、拓展和创新，同时也往往是新兴学科的生长点。此外，一门课程可能就是一门学科，或有可能发展成为一门新的学科。

(2)学科文化建设、专业文化建设与课程文化建设的关系。学科文化建设、专业文化建设与课程文化建设三者既各有特点，又相辅相成。

1)学科文化建设、专业文化建设、课程文化建设各有不同的内涵和侧重。学科文化建设的任务包括：

①改善学科结构。一所大学应该设有自然学科、工程技术学科、社会学科和人文学科。每一门科学都包含基础学科、应用学科和技术学科三个层次，不同学科的基础学科、应用学科和技术学科的特点、功能和发展规律各不相同；且各门学科都应该注重基础学科、应用学科和技术学科的协调发展。一般来说，每一所大学都有其优势学科和弱势学科，在发展选择上，也都有自己的重点学科和一般学科。合理的学科势态结构应该保持其生态平衡，注重培养新生学科，扶持弱势学科，提高优势学科。

②提高学科水平。学科水平决定了一所大学的人才培养质量、科学研究水平、服务社会以及传承和创新文化的能力的高低或强弱。大学的学科水平主要体现为学科结构，师资队伍水平，表明研究创新的学术成果(包括专著、论文、课题、项目、发明、专利等)和该成果转变为社会现实生产力的数量和质量，人才的培养层次和质量，就业状况和人才工作业绩等方面。通常情况下，大学的学科水平一般按学科的级别分为一般学科、校级重点学科、省部级重点学科、国家级重点学科、世界知名学科和世界一流学科。高等学校提高学科水平，其实就是提高学科的层级。

专业文化建设的任务包括：

①改善专业结构。专业结构是一所大学在长期的人才培养过程中形成的专业设置体系。专业结构是否合理直接决定着学校所培养的人才能否满足社会发展的需要。所以，调整专业设置、改善专业结构一直是大学专业建设的一个重要任务。要建构合理的专业结构就必须处理好长线专业与短线专业、热门专业与冷门专业、传统专业与新兴专业的关系，确保培养的人才能满足社会的需求。

②提高专业水平。专业水平是一所大学师资队伍水平、人才培养质量、专业技术装备水平的综合体现。高水平的专业一般具有以下特征：培养目标明确、具体；人才培养方案科学、合理；人才培养过程规范、完善；师资队伍素质好、水平高；教学条件好，设施精良，教学手段先进；毕业生就业率高；社会声誉好。

课程文化建设的任务包括：

①优化课程结构。优化课程结构的重点是开发新课程，改造旧课程，科学建构不同课程(包括必修课与选修课、分科课与综合课、理论课与实践课、传授课与研究课)之间的比例关系。

②提高课程教学质量。课程教学质量具体体现在学生考试成绩、同行评价、学生评价、学生创新成果等方面。一般来讲，一门好的课程都具备下列条件：一套科学合理的教学计划(包括学期或学年计划、单元计划、课时计划等)；一个好的教学大纲；一本先进的教材和一套适用的教学参考资料；一套科学有效的教学方法；一套规范、严格的考核方法；一套适应课程特点的现代化教学手段；一支高水平的教师队伍。

2)学科文化建设、专业文化建设与课程文化建设相互包含、相互联系、相辅相成。就三者之间的联系来看，学科建设是龙头，专业建设是依托，课程建设是基础。因为高等学校的人才培养是以专业为单位的，而专业是课程的组织形式，换句话说，课程是构成专业的元素。专业的人才培养功能是通过课程实现的，课程要为实现专业的培养目标服务。所以，课程建设要以专业建设为依托。学科虽然从本源上讲要先于专业和课程，是专业和课程的基础，但在学校建设中却是派生的。因为学校的首要功能是人才培养，其次才是科学研究。所以，学校建设，首先要进行专业建设和课程建设，然后才能进行学科建设。这是从时序上讲的。若从发展和提高这个角度来讲，学科建设则是学校建设的龙头。因为学科不仅先于专业、课程，而且高于专业、课程。专业和课程不论是学科的分化，还是学科的综合，都是以学科为基础的。要提高专业和课程的水平，必须以提高学科的水平为前提。

当前，我国不少高等学校在学科建设、专业建设、课程建设中存在共性问题，即只看到了三者的区别，而忽视了它们之间的联系，以致在实践中陷入了种种误区。所以应该先以学科建设为龙头、专业建设为依托、课程建设为基础，统筹规划、整体推进；同时，又要充分考虑三者的区别和特点，因利制宜，重点突破。

3. 学校的行为方式

学校教育教学要理论联系实际，加大实践教育教学的力度，要和中小学及幼儿园深度合作，引领、带动其一起加强对儿童及儿童文化整体上的观察、分析、了解和理解，研究适应儿童的教育教学规律，引导、带动师范生研究和运用适合儿童的教育教学方法，使儿童幸福健康地成长，成为社会需要的人。

(三)学科文化的建设

学校的行为方式主要是借助学科文化建设、专业文化建设和课程文化建设这三大基本建设中的相应行为方式综合体现的。在后面的论述中会具体讲到。

学科文化，是一门学科区别于其他学科的独特的语言形式、价值标准、伦理规范、思维方式和行为准则。它分为四个层次：

第一层，学科文化的物质层面，即学科知识，包含理论体系、符号、研究方法。

第二层，学科文化的制度层面，即学科的研究规范、学术评价标准、学术出版的形式和要求、奖惩的机制。

第三层，学科文化的行为层面，包括研究人员的时间安排、工作方式、学术生涯模式、学术网络的交流、成员的合作形式、学科中竞争的程度等，是最丰富、生动的学科文化。

第四层，学科文化的精神层面，包含世界观、价值观、信念、思维方式等，对学者具有最深层次的影响。

其中，物质文化是学科文化的载体和基础，制度文化是其条件和保障，行为文化是其过程与推动力，精神文化是其灵魂和核心。

本书主要以小学教育专业为例来说明学科文化的建设。

小学教育专业的基础性、全面性和养成性等特性是由两方面决定的。一是儿童的生理、心理和社会的本质特性，二是小学教育的特性。小学教育是使儿童掌握阅读、书写、表达、计算等基础知识和基本技能；了解一些关于生活、自然和社会的常识；初步具有基本的观察、思维、动手操作和自学的能力；养成良好的生活、学习和劳动习惯；初步具备自我管理以及分辨是非的能力；初步培养爱祖国、爱人民、爱劳动、爱科学、爱社会主义的思想情感；初步形成关心他人、关心集体、认真负责、诚实、勤俭、勇敢、正直、合群、活泼向上等良好品德和个性品质；养成讲文明、讲礼貌、守纪律的行为习惯；具有较广泛的兴趣和健康的情趣，逐步形成基本的世界观、人生观和价值观的教育。同时小学教育要求教师具有较强的教学设计，组织课堂，观察、分析、诊断与评估儿童以及与儿童沟通、交流的能力。因此，小学教育专业要求师范生具有综合性的知识素养、全科型教师的教育教学能力。

1. 学科的价值观念

小学教育专业涉及自然学科、社会学科、人文学科、艺术学科和跨学科。

文化哲学认为：

首先，文化因人而发展，人因为文化而存在，文化是具有整体性的，因此对于儿童和师范生，要在以上所有学科文化中得到滋养，并成为身心全面发展的人。

其次，“和所有其他的符号形式一样，艺术并不仅仅是对一个既定实在进行简单的再现。它是引导人们对事物和人类生活得出客观见解的途径之一。它不是对实在的模仿，而是对实在的发现。然而，我们通过艺术发现的自然，并不是科学家口中的‘自然’。语言和科学是我们用来了解和规定关于外部世界的各种概念的两个主要过程。我们必须对我们的感官知觉进行分类并把它们置于一般概念和一般规则之下，从而赋予它们客观的意义。这种分类是为了实现简单化所做的不懈努力的结果。艺术品也以同样的方式暗含着这样一个凝聚浓缩的过程。”“语言和科学都依赖于同一个抽象过程；而艺术则可以说是一个持续的具体化过程。在我们对一个给定对象的科学描述中，我们从大量零散的观点入手，这些观点表面看来只是一堆毫无关联的事实的松散集合。但随着研究的继续，这些个别的现象就越来越呈现出一种明确的形态并成为一个系统的整体。科学所追求的是某个给定对象的主要特性，从这些特性中我们可以推导出这个对象的所有特性。如果一个化学家知道了某一元素的原子数量，他就获得了了解关于该元素的结构和构成方式的线索。有了这个数据，他就能推导出这个元素的所有特性。但是这样一种概念式的简化和推演式的概括并不适用于艺术。艺术并不探求事物的性质或起因，而是给我们以对事物形式的直观。但这也绝不是对已有事物的简单重复，它是真正意义上的新发现。就像科学家是各种事实或自然法则的发现者一样，艺术家也是自然的各种形式的发现者。各个时代的伟大艺术家都熟知艺术的这种特殊任务和特殊才能。达·芬奇用‘教导人们学会观看’这个短语来说明绘画和雕塑的目标。他认为，画家和雕塑家是视觉世界领域的大师。因为，对事物的纯粹形式的认识绝非是一种本能的天赋或者天然的能力。我们可能会一千次遇见一个普通感觉经验的对象，却从来没有‘看见’过它的形式；如果要我们描述纯粹意义上的事物的视觉形态和结构，而不是其物理性质和效果，那我们肯定一无所知。但艺术弥补了这个缺陷。艺术，让我们生活在视觉形式的国度中，而不是生活在对感性对象进行分析解剖或者对它们的效果进行研究的国度。”①艺术与语言、科学一样，都可以对人、事物与生活得出客观结论。但是与抽象的语言和科学相比，艺术是具体化的符号形式。儿童天生擅长具体形象思维，天生是艺术的精灵，我们以往多从心理学的本能的角度来谈论其认知特点。他们以直观，特别是以艺术和游戏的方式认识世界、把握世界。文化哲学明确告诉我们：艺术具有描述纯粹意义上的事物的视觉形态和结构的特征。这弥补了语言和科学上的缺陷，对我们认识和把握世界起着独特的作用，拓展了我们认识世界的视角和视野，具有基于具体学科又超越具体学科的限制的普遍意义。

英国的马丁·约翰逊揭示了科学与艺术在目的、手段、思维方式以及测量、评价标准等诸多方面的一致性，从而要在科学与艺术之间的传统鸿沟上架起一座令人信服的桥梁。他指出②：“科学家和艺术家，他们虽然岗位不同，但在各自工作中所追求的目标是相通的，他们实际所采用的工作方法，比他们实际所承认的有着更多的相同之处。”他认为科学与艺术相通的可能性可以从两个方面得到说明：首先，科学知识需要通过一种形式或逻辑结构，使之可以被传播、交流、接受、认知、取舍，而艺术同样也需要类似的传播方式；其次，科学内容在概念意义上的物体和我们在感官上实际接触到的物体不一样，而艺术作品所反映的现实也与自然状态的现实不一样。在对大量的经验事实进行个别分析和对复杂的基本原理进行综合考察的基础上，马丁·约翰逊认为：艺术和科学之间的对抗是可以调和的，其根据是把科学和艺术共同作为“通过某种媒介的形式或结构来表现精神意象的一种方式”。文艺复兴运动的“巨人”达·芬奇、德国的诗圣歌德以及法国百科全书派的大师们，都是科学家兼文学艺术家，他们都同时具备对科学符号与艺术形象的综合感知和理解能力以及把握和创造能力。

对于儿童而言，他们正处于具体形象思维阶段，借助艺术和游戏，他们可以逐步学习语言和科学，最终向抽象逻辑思维阶段发展，并促进艺术和科学相互协调发展，最终在知识、技能、能力、情感、态度与价值观上达到社会的要求。

多年来，由于对儿童本身及儿童文化的忽视、漠视、不尊重，小学教育专业的学科一般缺少对艺术学科(内含各种艺术学科的综合)、对艺术学科与哲学、艺术学科与科学和艺术学科与文学等的跨学科的开设、教学和研究。学科文化的核

---

① (德)卡西尔．人论[M]．唐译，编译．长春：吉林出版集团有限责任公司，2014.

② (英)马丁·约翰逊．艺术与科学思维[M]．傅尚逵，刘子文，译．北京：工人出版社，1988.

心在于创新和开拓。我们在改善学科结构的基础上，应该大力加强对以上相关学科以及跨学科的开设和研究。

"单纯从理论的角度来看，我们或许应该赞同康德的说法而把数学看作'人类理性的骄傲'。但是我们不得不为了这种科学理性的胜利付出极高的代价。科学意味着抽象，而抽象总会令实在变得贫乏。事物的形式一旦用科学的概念来表述时就越来越趋向于程式化，而这些程式出人意料的简单。一个单一的公式，例如牛顿万有引力规律，似乎可以涵盖并能解释我们物质宇宙的全部结构。但是只要我们走进艺术的领域，就会发现上述观念其实是一种错觉。因为事物的各个方面是无法穷尽的，而且它们时刻都在发生着变化。任何想要把它们放入一个单一框架内的企图都会是徒然的。赫拉克利特说，每天的太阳都是新的，这句格言如果不适用于科学家的太阳，对于艺术家而言则是真的。科学家在描述一个对象时，他是用一系列数字以及对该物体的物理衡量和化学衡量来表示其特性的。艺术不仅有不同的宗旨，还有一个不同的对象。如果我们说两个画家画的景色相同，那会是一种十分蹩脚的描述审美经验的方式。从艺术的角度来看，这种假定的相同性完全是一种幻象。我们不能说两个艺术家的题材是完全相同的，因为艺术家并不是单纯地描绘或者复制某一经验对象。例如一片有着山丘或高山、小溪和河流的景色，艺术家所展现给我们的是他个人眼中关于这片景色在某一瞬间的面貌，他要表达事物的气氛，光和影的变换。一处景色在黎明、中午、雨天或晴天的样子，都不是'相同的'。我们的审美感官比起我们的其他普通感官知觉更为多样化，并且属于一个更为复杂的层次。在感官知觉中，我们满足于认识我们周遭事物的一些共有而且不变的特征。与之相比，审美经验则无比丰富，它孕育着在普通感觉经验中永远不可能实现的无限的可能性。在艺术家的作品中，这些可能性变成了现实性，它们被挖掘出来并且获得了明确的形态。艺术最大的特征以及最大的魅力之一便是向我们展示事物各个方面无穷无尽的属性。"①社会发展的核心动力是创新力，而童年是培养想象力和创造力的关键期和敏感期，因此在学前教育、小学教育等专业开设艺术课不但对师范生帮助儿童熏陶情感和形成人格很有必要，更可以促使师范生将来抓住有利时机培养儿童的想象力和创造力；而且，儿童是符号的动物，儿童文化是符号的形式。儿童的消逝，不是指其肉体的消逝，而是指儿童文化符号在不断消亡和缺失。师范类院校应该把帮助儿童建构、创造和发展儿童文化符号作为自己的使命，联合中小学及幼儿园为儿童开设由儿童本身能直

---

① （德）卡西尔．人论[M]．唐译，编译．长春：吉林出版集团有限责任公司，2014.

接创设儿童文化的学科，并且把儿童自发性学习作为学科实施的根本基础。毕竟，儿童文化是儿童自己的文化，必须体现儿童的最本真特性；同时，要以儿童文化符号作为其学科文化符号的重要组成部分和基础。意大利的瑞吉欧教育理念正是把儿童的百种艺术语言——文字、动作、图像、绘画、建筑构造、雕塑、皮影戏、戏剧、音乐等，作为儿童探索环境和表达自我的语言，真正做到以儿童为中心，从儿童的本性、需要和兴趣出发①，值得师范院校借鉴和学习。

另外，日益复杂化、综合化的社会需要和学前教育、小学教育等本身的综合性特征也使得跨学科文化成为学前教育、小学教育等专业的学科文化的主力军。

2. 学科的思维方式

把学科共同体比作部落，是因为它们彼此隔离，共同性少，交流也不多。它们内部共享着相同的信念、文化和资源，但与其他部落却缺少往来。形成各自部落的基础是知识的特性的不同。所以，学科文化本身是存在冲突的。虽然早在20世纪后半叶，由于物质领域和人类世界的复杂性以及人们对其的认识不断深化，解决所有的问题已不是单一学科所能把控的，各门学科之间的依赖性越来越强，所以学科的融合趋势就开始出现，一些交叉学科和多学科的研究领域大量显现，大学也顺应地确立了学科的合法性，但是学科配合至今遇到的困难和阻力也非常大。而对于小学教育专业来说，跨学科领域文化的建设显得异常重要，因此有必要进行不断的探索。

(1)小学教育专业的学科体系的理论构建。1970年，经济合作发展组织(OECD)在第一次国际跨学科研讨会上界定，跨学科是指两门或两门以上不同学科相互联系，从思想的简单交流到较大领域内教育与研究的概念、方法论、程序、认识论、术语、数据以及组织之间的相互联系。周朝成②在其研究中认为，多学科是从两门或两门以上的学科或知识领域获取信息以解决某一问题，但没有改变或丰富各相关学科知识；跨学科的基本内涵包含了以下方面：一是牵涉了两门或两门以上学科，学科之间的关系模式非常复杂，受制于所要指向的问题，学科要素主要牵涉如学科的概念、方法、技术、理论、视角等；二是所指向的问题具有复杂性与相关学科的前沿性，是某一学科领域内所不能单独解决的问题；三是这些复杂问题是为各参与学科所共同关注的，与这些学科具有知识上的内在逻辑联系；四是问题的解决必须产生“产品”，是不同学科之间一定程度“整合”的结果(如学术论文或技术产品等)，具有一定的创新性。

---

① (美)卡洛琳·爱德华兹，莱拉·甘第尼，乔治·福尔曼．儿童的一百种语言[M]．罗雅芬，连英式，金乃琪，译．南京：南京师范大学出版社，2006.

② 周朝成．当代大学中的跨学科研究[D]．上海：华东师范大学，2008.

学科文化的建设必须依托学科体系的建立。根据小学教育专业的培养目标，以综合性、相对学术性、师范性、融合性、实践性为主线把小学教育专业的学科体系归属为两大类：

1)通识教育类。通识教育类一般包括自然科学类、社会科学类、人文科学类、艺术修养类等学科，其中包含必修课和选修课。小学教育专业的学生可以从全校的通识类学科中选修感兴趣的课程，但是该专业的学生还必须修习符合专业自身要求的通识类学科——自然学科、人文社会学科、艺术修养学科。

2)专业教育类。专业教育类包括专业基础学科、专业核心学科和教师实践性学科。

专业基础学科由小学教师教育的基础学科和跨学科组成，用以获得并加深对专业知识的理解，培养对专业的适应能力和社会适应能力，包含教育学基础、儿童学研究、艺术。

专业核心学科是体现小学教育专业特点和人才培养目标的学科，注重理性知识与艺术、游戏等儿童的学习方式相结合以及儿童学习结果的课程设置，包含小学教育基础、心理健康与道德教育、小学学科教学与活动指导(分专业方向)、小学跨学科教学法、儿童文化实践、小学教师专业发展。

教师实践性学科可以分为教师技能训练和综合教育实践。

(2)小学教育专业的跨学科文化建设存在的问题。跨学科文化的融合包括学科知识的融合和交叉，在语言形式、价值标准、伦理规范、思维方式和行为准则的相互理解和宽容，并在此基础上达成共识。

小学教育专业的跨学科文化由于以下几个方面的问题造成了融合的困难。

以后面课程文化建设中提及的全国12所师范院校的小学教育专业课程开设情况推理来看学科设置，我们发现很少院校意识到跨学科建设的重要性和必要性。所以，观念上传统滞后是首要原因。此外，还有以下原因。

1)学科文化本身造成的冲突。学科文化本身是存在冲突的。在学科价值取向上，自然科学追求知识符号的客观性，而人文社会科学也追求知识符号的客观性，但更追求知识符号对人的意义和价值关怀，而后者不能通过固定的法则进行严密的逻辑推导；在学科方法上，自然科学偏向于知识符号形式化，通过正确的思维方法，注重具有一定研究手段的实验和结果等，而人文社会科学则注重感受和体验等主观形式。它们都有各自的语言体系，学科的交流方式和学术论文的风格也迥异，学科成员对本学科的文化具有很强的崇拜和心理倾向性，由此导致的学科行为及其方式即学科范式就很难融合，天然地造成了学科文化的冲突。小学教育专业也不可避免地存在以上的问题。

2)组织结构与管理造成的障碍。学科是大学组织结构的基础，大学中的学系、学院往往以某一学科为单位组建而成。所以学科边界之间的关系进而影响到学科组织之间的关系，在组织层面上表现为学系或者学院之间的边界。小学教育专业的学科融合性要求强，各学科教师很多不在一个系，需要不同学系、学院之间密切沟通和合作。而现实一般是在需要上课的时候，从各学系、学院抽调相关学科教师，平时各学科教师则没有聚在一起进行教学和研究活动的机会，甚至有些都互不认识，对小学教育专业内部不同学科背景的教师的冲突与协调进行管理就更谈不上了。

3)组织资源配置造成的困难。跨学科的研究经费一般偏少，需增加投入；现有的资助体系以学科作为基础，不利于对跨学科研究的经费投入；在研究人员配备上，从事跨学科研究的人员在学系与跨学科研究组织之间难以流动，仍受到传统学系的制约；在研究设备的获得上，跨学科研究需要相关学科的研究设备资源，重新购买可能会导致校内重复配置，而且在利用上又会受到传统学系的制约。

4)评价造成的隔阂。在跨学科研究项目的评审上，仍然注重同行评议，跨学科研究项目很难获得立项；在从事跨学科研究的教师评审上，仍然沿用以学科为单位的教师职称晋升制度，不利于跨学科研究的开展；在跨学科研究成果的评价上，沿用传统的同行评议制度可能导致对研究成果的评价不公；在跨学科研究组织的绩效评价上，仍然缺乏比较健全的评价方法体系、原则与程序等。

在现有状况逐渐改善的背景下，小学教育专业等师范类专业仍可以结合学科研究和跨学科研究，立足于学科研究调和以上某些矛盾，同时不能放弃跨学科研究。

(3)学科的行为方式。面向和发展儿童文化的跨学科文化建设是小学教育专业的主要行为方式。

1)跨学科文化的融合。从已构建的理论体系可知，小学教育专业的学科基础是由多种相关学科开放融通、共同支撑的复合结构，包括科学知识与人文社会知识、艺术知识之间的整合，教育学科知识与任教学科知识之间的整合，任教学科对应的各相关学科之间的整合。培养高水平小学教师的学科基础的核心是形成“跨学科教育”这一综合性学科领域。初等教育学及小学各学科课程与教学论，艺术与各学科的课程整合与教学论属于重点建设的学科。

①开放各学科边界。

a. 开放学科的文化和社会性边界。师范类专业艺术与其他学科的课程整合与教学论虽然很少见，但是多年来，我们见过大量教育学科和各学科等学科思想、概念和方法交叉的成果并一直在理所当然地享受和学习，比如教育哲学、教育管理学、教育文化学、教育社会学；小学各学科教学法的教材以及优秀的小学教师的名师教法的介绍和宣传等。但是从研究文献的数量来看，人们对于其融合的历史、现状和发展趋势一般很少意识和思考到；同时也缺失促进融合交叉的机制。

在组织结构与管理改善，组织资源配置改革和完善评价前提下，应该把所有任教的教师归属到初等教育学院或系，任教教师通过建立跨学科教研平台，主办跨学科教研网站和学术期刊以及国际学术交流等方式进行教研活动，各学科教师借助某一研究项目(如多元智能的开发和培养)或综合实践活动设计课，熟悉和了解不同学科的知识体系、学科主体、教学科研条件、组织结构与规章制度、学科信仰、学科价值观和使命观、学科精神、学术道德、思维方式与语言方式、行为习惯，进行学科之间的相互学习交流，探寻学科的思想与方法论的启示以及借鉴不同学科的成果，尊重各自的学科价值与认同，遵循学科文化性质与关系规律，寻求学科文化之间的对话，开放学科的知识文化边界。其中，主要交流、讨论小学教育学和各学科及艺术和各学科的课程整合与教学论的交叉的历史、现状和发展趋势，梳理其间移植的原理，并培育创造性的学科思想、概念和方法的交叉成果。除此之外，还有学科的社会性边界的开放。这需要开放学科的组织与制度，要求跨学科研究中的学科身份平等，克服因社会性边界中的权力资源的划分、守持和争夺而形成的优势学科和弱势学科等障碍。这两种开放是相互联系、相互促进、缺一不可的。

b. 和中小学、幼儿园合作，在理论和实践上促进跨学科文化的发展。师范类院校进行跨学科文化的建设，有助于培育适应儿童教育教学的教师，提升面向儿童的基础化、综合化教育教学的质量，同时不断促进儿童文化的开发与发展。因此，师范类院校组成跨学科教研团队和幼儿园小学合作，针对教育教学中的问题进行解决，有助于在理论和实践上促进跨学科文化的发展。目前，全国不少地区的幼儿园、小学都在实行跨学科教育教学，但是仍然很不够，特别是在农村。而且，师范类院校的先导、示范和引领作用还发挥得不够。和中小学、幼儿园合作进行跨学科文化的研究和实践，可以直接使儿童成为开发和发展儿童文化的主人，又促使师范类院校的跨学科文化建设。

②寻求统一的跨学科研究范式。由于学科文化的统一很难，获得统一的跨学科研究范式也很难。但是，任何跨学科研究，无论基于学术动因还是现实问题的导向，都可以针对研究问题，基于一定程度上共同的价值观念、思维方式和行为方式而形成跨学科团体。由于师范教育等专业一般偏重应用性和实践性，所以，我们要尽量基于现实问题建立跨学科研究范式；选择适当的研究方法；整合学术观念与术语，形成一定的标准；形成共同的价值取向。这样的发展过程需要不断

沟通、交流、宽容和体谅。

2)组织结构与管理的改善。在组织资源配置改革和完善评价的前提下，把所有初等教育学科和其他任教学科的教师归属到初等教育学院或系，教师通过建立跨学科教研平台，主办跨学科教研网站和学术期刊以及国际学术交流会议等方式进行教研活动。这样，对师范教育各专业内部不同学科背景的教师的冲突与协调进行管理也就便利多了。

3)组织资源配置的改革。资助体系特别是要以跨学科作为基础，增加跨学科的研究经费投入；在研究人员配置上，把所有初等教育学科和其他任教学科的教师归属到初等教育学院或系；在研究设备的获得上，高校给予跨学科研究独特的政策支持，协调是否重新购买，并给予不受传统学系制约的利用便利。

4)评价体系的完善。在跨学科研究项目的评审上，要打破目前同行评议的现状，实行跨学科人员共同评议，以利于跨学科研究项目的立项；对从事跨学科研究的教师进行评审时，要使用跨学科为单位的教师职称晋升制度，以利于跨学科研究的开展；对跨学科研究成果的评价上，实行跨学科人员共同评议制度；对跨学科研究组织的绩效评价上，建立比较健全的评价方法原则、体系与程序等。

(四)专业文化的建设

文化哲学指出，世界是人创造的文化世界，人是在其文化世界中所成就的人，文化是人的世界的功能性本体。专业文化是专业人的创造性本质，专业文化和专业人是互动融合、相互成就的。所以，我们经常在专业建设上提出“以文化做强专业，以文化服务科研，以文化培育学生”的核心理念，这是专业提升内涵建设的必然选择。但是就目前的整体情况来看，这仅仅还只是一种理想。

查阅中国知网，输入关键词“专业文化”搜索近20年的论文，发现很少涉及专业文化的，并且其中就高职高专院校发表的论文占了90%左右，似乎其他类型的院校不需要研究专业文化。当然，高职高专院校的培养目标着重满足社会职业的需要，但其他类型的院校同样必须研究专业文化。学科文化研究的境遇也与此类似。在已有的研究中，关于专业文化的概念、内涵、地位、作用、存在问题及对策的研究较多，对专业文化的价值、专业文化的整体构建的研究较少。

1. 专业的价值观念

专业文化是专业人(含专业内师生)围绕专业培养目标的实现，为最终满足社会需要而共同遵守的核心价值观和价值取向。它对专业内每一个人的行为起着潜移默化、耳濡目染、润物细无声的规范和指导作用。常常听到这样一句话：让标准成为习惯，让习惯成为文化。我们日常说到的习惯还不是自觉的行为，当习惯成为文化才是自觉的行为。当专业文化规范每一个专业人行为自觉的时候，才能真正实现“以文化做强专业，以文化服务科研，以文化培育学生”。

仍以小学教育专业为例。小学教育专业文化价值观念的确立，首先要建立在了解教育的终极受益者——儿童的本质、独特的地位和价值，社会的发展趋势，深入小学前线调研其发展现状、特点和潜力的基础上；其次，要使师范生一入学就进入小学，体验、认识未来所从事的准行业或准岗位，其中特别对儿童——作为整体的人——儿童本身，对小学教师工作的角色以及对家长和社区的需求、观点进行观察、体验、调查和分析；最后，专业内师生一起商议、确立本专业所应该秉持的价值观念。这样，能够有效引导师范生主动地、正确地、客观地认识自己的专业和未来所从事的小学教育工作。以往有些做法是师范类院校先确立好价值观念并将其写在人才培养方案中，师范生一入校就机械式地灌输给他们，没有真正以师范生为本，也违背了文化哲学认为专业文化是专业内师生共同追求自我优化、自我完善和自我发展的能动性的要求。

要树立小学教育专业的价值观念，专业内师生要真正贯彻以儿童为本的理念，了解、理解、尊重儿童的本性和天性，特别注重儿童以艺术、游戏(游戏和艺术是紧密联系的)作为认识和把握理性世界的方式，并通过专业培养目标和模式掌握这些要素。

卡西尔认为，人是符号的动物，文化是符号的形式，人类活动本质上是一种“符号”或“象征”活动，在此过程中，人建立起人之为人的“主体性”，并构成一个文化的世界。语言、神话、宗教、艺术、科学和历史都是符号活动的生成和组成部分，彼此表示着人类的种种经验，追求一个共同的目标即“文化人”。其中，艺术是从人类最原始经验的符号化——神话中分离出来的独立的符号形式，其独特性在于对自然和生活的发现，对自然和生活所做出的新的探讨和解释。以文化哲学的观点来看，儿童天生是艺术和游戏的小精灵，所以他们天生是自然、生活的发现者和创造者。艺术是关于想象的逻辑，它已经很久没有得到过与纯粹理性的逻辑同等的尊重，应该使艺术获得一种真正独立自主的价值。艺术的最大特征以及最大的魅力之一便是它可以向我们展示事物各个方面无穷无尽的属性。这表明，想象的逻辑其实是和纯粹理性的逻辑相辅相成，共同为儿童的“文化成人”作出贡献的。想象的逻辑不但为接受纯粹理性的逻辑带来欢愉、创造理念，而且会培养带来儿童终身幸福的人格，正是这种人格使得儿童成为儿童本身，有助于延缓或消灭儿童成人化的倾向。

另外，艺术是一种具有创造性的行为，在其中情感本身被转化为行动。它能把所有痛苦、挫折、磨难和非人性的行为等变为一种自我解放的手段，从而使儿童这种天生的艺术的小精灵，获得无法用其他方式获得的内在的自由。

多年来，师范类专业对儿童及其本性都选择了忽视或漠视。儿童从一上小学，就被代表权威的学校和教师斩断了与其想象的逻辑联系，让儿童在痛苦和折磨中被动地接受纯粹理性的逻辑，将一个天生可以兼顾想象和理性逻辑的整体的人割裂。于是正如前述的布约克沃尔德所说：想象的翅膀被夹起来，也会导致缪斯性突破的感觉能力和理解能力减退。受其影响的人或屈从于他或她的周围环境，或屈从于自身生理要求，以一种退缩的态度而告终。那些有着缪斯本能的人敢于将内心的梦想播种于外在现实，使外在现实因内心梦想而更为丰富，让二者都获得生命。并且，在小学这个人生的基础阶段，儿童整体上没有或很少受过艺术和游戏对其想象力、情感和人格上的熏陶，这种想象力、创造力和人格上的缺陷会给个人和社会带来深远的影响。

幼儿园和小学阶段(尤其是前三年)是一个人人生观、世界观和价值观奠定的重要和关键时期，影响着人的终身发展。因此，这个阶段的教师的专业教育对学生一生的影响也是至关重要的。美国著名心理学家加德纳认为：文化信念和习俗会影响到孩子，至少是从孩子出生之时开始，甚至更早。父母对尚未出生的孩子的期望以及他们发现孩子性别时的反应都会影响孩子。家庭、教师以及文化等其他影响源都不断让成长中的孩子明白什么是重要的，这些信息既有短期的影响，也有长期的影响。专业精神是教师在教育中，对职业一致而平稳的认同感、责任感、奉献意识、积极专业意识的价值追求，包括教师对教育行为所秉承的一致、连贯、自觉的行为。我们要把专业精神的滋养作为专业文化的重要部分，借助国家对教育的法律、政策和措施的不断完善，对教师素养的要求提升和对教师待遇的不断改善，培养师范生对幼儿园、小学教育发自内心的热爱、忠诚和奉献的品质。目前，由于应试教育积重难返，仍然占主导地位，师范生很多患有“人类文明缺乏症”“人文素养缺乏症”“公民素养缺乏症”，因此有必要对师范生加强人文教育，使师范生面对理想和现实，像魏书生和马小平那样，具有专业自我意识和能力，尽力使儿童在不利的环境中健康成长。

师范生要不断了解、吸收先进的幼儿园、小学文化，使专业文化吸收幼儿园、小学文化的精髓，补充丰富专业文化的内涵，使专业文化更具时代性和特色性，以针对性地满足小学、家长和社会的需求。

由于师范类大学的专业文化还对幼儿园、小学文化起着示范、引领的作用，所以，专业文化应该不断地向幼儿园、小学宣传先进的教育理念，特别是要努力改变幼儿园小学化、小学应试教育化的现有整体格局，倡导为儿童整体的、终生幸福和健康的发展以及儿童文化的长远发展着想，并在教育教学中切实贯彻执行。

2. 专业的思维方式

文化哲学认为，实践是文化的基础，实践决定文化及其辩证性。首先，实践观点为阐明文化提供了一个崭新的合理的立足点或出发点。实践观点要求从人自身的活动去理解文化的本质、结构、存在、发展和变迁等基本问题。文化是属于人的东西，即人的创造物，也就是说，文化既不是自然的东西，也不是绝对超自然的东西。所以，理解文化既不能从自然的东西出发，也不能从超自然的东西(如神)出发，而应从切合文化自身性质的东西出发。这就是人自身的活动即人的实践活动。文化和实践是相互渗透和相互制约的。人的实践活动中渗透着文化，文化的价值观念、思维方式、行为方式构成实践活动的内在尺度，制约着具体的实践活动的方式、方向和结果。同时，文化中渗透着人的实践活动，文化活动中包含着实践活动的目的、尺度、方式等。文化同时需要由实践来规定，否则就成为自然或超自然的存在。师范类院校专业文化的建设必须以实践为本质，才能真正发展。

人的文化性规定及其统一实质，来自人与文化的互动和融合。师范类院校专业人在实践中，与专业文化互动，获得专业人人格，而专业人人格彰显这一个专业和其他专业的本质区别。所以，我们要改变以往的重视理性、工具和技术性而轻视追求终身学习的实践取向的思维方式；同时，要改变对师范类院校教育的终极受益者——儿童漠视或忽视的思维方式，重视对儿童的本质、独特的地位和价值，特别是对他们独特的认识世界、把握世界和改造世界的方式进行观察、调查和分析，并对儿童的想象的逻辑与理性的逻辑的有效结合进行持续不断的研究，最后获得针对性的教育教学思想和方法，使师范生在能动的实践中掌握并创造性地运用。由于童年是培养儿童想象力和创造力的最佳时期，师范类院校培养这个时期施教的教师就更要注重创造性教育。

以小学教育专业举例。参考 2011 年 12 月国家教育部颁发的《小学教师专业标准(试行)》，专业培养目标可以界定为：培养能够符合小学教育事业发展、小学教师专业化发展和小学儿童身心健康发展需要的，具有良好的师德和品质、复合的专业知识和综合的专业能力的，并具备良好的社会适应性和一定的研究能力的具有专业发展潜质的合格的小学教师。其中，专业发展潜质的定位是符合师范生专业发展的过程规律的。培养的具体规格如下：

(1)具有一定的专业理想和专业精神，热爱小学教育事业，具有良好的师德和正确的儿童观、教师观、课程观、教学观、班级管理观与教育观。

(2)具有从事小学教育的良好的品质，富有爱心、责任心和童心，阳光向上、富有亲和力，具有良好的沟通能力与合作精神。

(3)具有广博的文化知识、艺术的基本素养；具有现代教育理念、复合的专业知识和教育实践能力；具有小学两门以上学科教学的能力和课程开发的潜能，并至少精通一门学科的教学；能够不断探索儿童哲学、儿童科学和儿童艺术的关系，并能够以艺术和游戏相结合的方式促进学生的抽象逻辑思维能力的发展。

(4)具有扎实的教学基本技能，能够流利而生动地进行口语表达、正确而规范地书写汉字，能够利用信息技术辅助教学，并能整合教学要素，胜任班主任工作。

(5)具有终身学习的理念和能力，养成独立思考和自主学习的习惯，具有主动获取知识和开拓创新的精神，具有基本的小学教育研究能力，能够在教育情境中提出问题、分析问题和解决问题，具有应对挑战和不断自我发展、自我完善的能力。

3. 专业的行为方式

(1)教师的行为方式。以小学教育专业为例。首先，领导和教师本身要不断养成专业精神、专业情怀，提升自己的专业素养，特别是艺术和其他学科的综合教育教学素养；要具备吸收并引领小学文化的意识、头脑和能力，不断联合小学领导和教师，深入小学腹地进行相关的教学和研究，特别是跨学科的教学和研究。其次，不断听取小学一线教师和师范生的意见和建议，根据学校的办学定位、专业培养目标制定和完善学生的专业综合素质体系和测评指标；以专业文化的建设为核心，进行小学跨学科的教学和研究，不断改进和完善教学大纲、专业课程的设置和结构；联合地方教育部门以及小学，针对其实际情况和需要，开发小学教育专业的校本教材；建设校内外实习实训基地或实验室；不断在社会调查毕业生的就业质量和社会声誉(主要考查学生对本专业的认同度及其变化，用人单位对于毕业生的敬业表现、职业情感方面反映等)，并改进完善。特别要注意的是，以往小学教育专业整体上不重视对儿童的本质、儿童独特的地位和价值、儿童认识世界和把握世界的方式的认识、了解、理解和尊重，对小学和幼儿园的教育教学目标和任务特性不了解，对小学和中学的衔接特点认识不清楚，不重视和中小学一线联合，相关的教学和研究相当欠缺，因而基本没有形成特色。所以，领导和教师要加强相关教学和研究，结合地方和中小学的实际，提炼专业文化特质，形成自己的专业特色。

(2) 师范生的行为方式。以小学教育专业为例。在培养过程中，在领导和教师的帮助和指导下，师范生不断在专业文化中浸润，并不断接触社会、接触生活、接触中小学，通过参观、调查、实践的体验感受，逐渐养成专业的灵性和成长的自信，并且拥有进一步促进专业成长的后劲；同时，师范生的专业认同感增强，产生了职业使命感和实现使命的人生成就感和价值感；形成接纳儿童并热爱儿童的职业情感倾向；能够不断战胜职业的倦怠感，体验职业的幸福感；形成对专业知识、专业能力和技能乐学善学的本领。在领导和教师创造的隐性课程环境中，师范生的知识、能力和品质对专业的情怀，可以从职前延伸到职后，促使师范生具有可持续发展的后劲。可以为师范生创设课堂内外(如课堂教学和相关学生团体和组织活动)相结合，校内外资源相结合，平时和集中学习相结合(抓住关键点，如入学初、见实习前后、毕业之前；集中性专业文化活动，如举办专业文化节、专业社团活动、专业技能大赛、才艺表演、知识竞赛等相互渗透的形式)的条件，使师范生的学习通过多环节、多渠道、多途径，不断受到专业文化的熏陶和强化。

(五)课程文化的建设

课程文化是学校文化也是专业文化建设的核心。

本书主要从师范类院校课程文化与儿童文化的相互作用入手，探索课程文化的建设。

1. 师生的价值观念

课程设置是指学校在课程价值观念的指导下，根据学生、社会和学科的需要，为分解和落实培养目标而有计划地进行课程开发和课程选择、组织和编排的系统化过程。它是人才培养模式的核心，直接关乎教育教学质量。

以小学教育专业举例。通过表 6-2 所示全国 12 所院校小学教育专业现有课程的开设目录[①]，我们从中可窥见其所体现的价值观念。

本书选取的 12 所院校的小学教育专业分为以下模式：

综合型模式(以 Z 代表)强调小学教师素质的综合性，不分学科，重视多学科的基础和教育理论方法与技能的训练，将培养目标定位于能胜任多个学科的教学需要；文理分科模式(以 W 代表)实施“文理分科、综合培养”，专业课程分为大文(中文与社会)、大理(数学与科学)两类；学科分科型模式(以 F 代表)是针对小学教育所开设的各个学科课程，分设各个学科方向，需要师范生选择某一个学科作为专修方向，培养胜任某一学科教学的小学教师。数字代表各个院校，如 F1 代表院校，1 属于学科分科型模式。

表 6-2 是 12 所院校小学教育专业的专业课程(包括学科基础课程和专业教育课程中的必修课与选修课)及其学分统计。将所有课程分为：教育心理类、学科教法类、教师技能类、通识教育类、艺术修养类。

① 陈威.“实践取向”小学教育专业课程设置研究[D]. 长春：东北师范大学，2013.

表 6-2　12 所院校小学教育专业课程开设目录

课程类别	名称（学校）	Z1	Z2	Z3	Z4	Z5	W1	W2	W3	W4	F1	F2	F3
教育心理类	教育学类：教育学、小学教育学、教育原理、教育概论、教育学原理、儿童教育概论	3	2	3	3	2	3	4	3	5	3	2	2
	心理学类：(小学)教育心理学、发展心理学、普通心理学、儿童发展心理学、儿童心理卫生与辅导、小学生心理学、社会心理学、学校心理学、积极心理学、社会心理学、教师心理学	9	13	12	6	5	6	11	4	4	8	6	10
	课程与教学类：课程论、教学论、(小学)课程与教学论、课程设计与评价、课堂教学技能、教学设计、校本课程开发、基础教育课程改革	8	3	4	2	2	2	6	4	5	3	4	5
	教育史类：中国教育史、外国教育史、中外教育史、教育思想史	6	6	5				6		6	4		3
	教育研究方法类：(小学)教育研究方法、教育测量与统计、社会科学数据分析方法、质的研究、量的研究、SPSS	6	6	8	2	2	2	6	2	6	3	6	5
	班级工作与管理类：班主任工作、班级管理、学校管理学、教育管理学、课堂管理、德育原理、师生互动原理与技巧、听课评课说课、小学生团体心理学、儿童心理辅导、小学生心理健康教育、小学综合实践活动	6	7	8	5	2	5	9	2	12	6	10	5
	教师教育类：教师专业发展、教师职业道德、教师教育、教育学问题专题、小学教育专题研究			3		3		1		2	1	4	4
	儿童研究类：儿童学专题、儿童游戏										2	2	
	教育专业类：比较教育学、教育人类学、教育社会学、陶行知教育思想、特殊教育、教育哲学、教育美学、教育名著选读	12	2	6				4		2	7	6	
	政策法规类：教育评价学、学生测评、教育政策与法规、教育法制案例评析		2	2					4	4	2	2	2
	儿童卫生类：儿童生理与卫生学基础、小学生健康教育、人体解剖与儿童生理卫生、学校卫生学、儿童营养与保健		5	2				2				2	
	学分总分统计及其所占百分比	50—32%	46—27%	53—37%	18—11%	16—10%	18—25%	49—30%	19—11%	46—31%	39—23%	44—22%	36—21%

续表

课程类别、名称 \ 学校		Z1	Z2	Z3	Z4	Z5	W1	W2	W3	W4	F1	F2	F3
学科教法类	小学科学课程与教学、小学科学课程、小学科学实验与制作、小学科学教学、现代化学、生命科学、地球空间科学				2			2	10	2			2
	小学语文教学案例研究、语文课程教学论、语文教学研究、小学语文课程标准与教材分析	3	6	7	2		5	3		8	3	2	5
	小学数学教学案例研究、数学课程教学论、数学教材分析	3	6	4	2	3		3	8	8	1		9
	小学英语教学案例研究、英语教学研究、英语教材分析	4	2	3				1		2	2		
	小学艺术教学							2		2			
	小学品德与生活(社会)教学	4		2	2		2	1		2	2		
	小学信息技术教学									2			
	小学体育教学							2		2			
	学分总分统计及其所占百分比	14 9%	14 8%	16 11%	8 5%	3 2%	7 4%	14 9%	18 10%	28 19%	8 5%	2 1%	16 9%
教师技能类	教师基本功、教师职业能力、教师礼仪、教师公关与礼仪	3					2	2		1			
	教师口语、语文朗读技巧、普通话训练与教师语言、小学教师语言技能、嗓音保健、教师嗓音的发声与保健、朗诵与演讲		3	2	2	5	5	2	3	2	1	2	5
	小学课堂教学技能、儿童行为观察与分析			2						4			
	多媒体课件制作、教具学具制作、网页制作、现代教育技术、课件设计与制作	4	4	4	2		6		2	5	5	4	4
	教师书法、写字、硬笔软笔书法、汉字、书法艺术、教师书写技能训练、小学教师书画技能、简笔画		3	2	2	2	3	3	2	2	2	2	3
	学分总分统计及其所占百分比	7 4%	9 5%	10 7%	6 4%	7 4%	16 9%	7 4%	7 4%	14 9%	8 5%	0 0%	12 7%

续表

课程类别、名称		Z1	Z2	Z3	Z4	Z5	W1	W2	W3	W4	F1	F2	F3
通识教育类	内蒙古简史、南京民俗揽胜				4		2						
	体育理论与技能类										2		
	外语应用提高类	3	2	2					2	2			
	人类社会科学导论(必选)、社会科学概论、中华民族传统美德教育、中国古代史、中国思想史、中国文化概论、世界近代史、中外文化简史、西方文化、西方哲学史、国学选讲		2	4	4	2	4	2			4	9	4
艺术修养类	艺术鉴赏、艺术类、艺术与艺术教育、美学	3		2							2		2
	乐理与视唱练耳、声乐与儿童歌曲、钢琴、音乐、音乐基础、钢琴演奏与欣赏	2	5	4	2	2	2	4	2	3	5		2
	手工、折纸艺术		2				4	1		1	1		
	美术、素描与简笔画、国画、校园实用美术	2	2	4	2	3	4		2	1	4		2
	儿童舞蹈、体操、形体训练		2					2	2		2		4
	摄影、儿童剧创作与表演			1			2						
	学分总分统计及其所占百分比	7 — 4%	10 — 6%	11 — 8%	4 — 3%	5 — 3%	12 — 7%	7 — 4%	6 — 3%	5 — 3%	14 — 8%	0 — 0%	9 — 5%

通过分析表 6-2 中 12 所本科师范院校的小学教育专业的课程设置，笔者发现存在以下普遍问题：

(1)课程目标总体较为模糊，缺少可操作性，主要追求理性、技术的知识和技能的获得，很难体现注重终身学习的实践取向的小学教师教育的根本目标。诸如“培养德、智、体、美、劳等全面发展，具有良好的职业素养和敬业精神，具有扎实的教育教学能力基础，初步掌握小学教育的基本理论和实践方法，具有较强的教学活动能力及初步的教学研究能力的小学教师”，总体不明确，可操作性不强。按照 2012 年颁布的国家《教师教育课程标准(试行)》，难以体现“反思性实践者”的小学教师教育的根本目标。缺少对儿童的关注，难以促进师生良性互动、教学相长的教学关系的形成。

(2)课程设置结构核心不明，教育公共课和学科基础课缺少有机整合；重点不清，教师教育性、实践性、人文性不足。课程设置结构核心不明，未能以 2012 年颁布的国家《教师教育课程标准(试行)》要求的实践性为核心设置和融合课程；教育公共课和学科基础课缺少有机整合。重点不清，教师教育性、实践性、人文性不足，特别是忽略了对儿童的研究，导致师范生对儿童发展的知识和技能欠缺，忽视学科教学知识课程的设置，缺乏结合实践的课程设置，缺乏体验与反思。

(3)教育实践课程形式化且效率偏低，学科体系分科课程多，造成知识间的隔离及理论与实践的隔离，忽视师范生的个人实践性知识的建构。教育实习一般被安排在第六学期，师范生面临毕业、找工作和各种考试的关键时候，四处奔波，很多人无心实习，教育实习已经与理论学习时空割裂，再加上他们在实习中经常远离教师，得不到及时有效的指导，理论学习与实践体验、实践中的反思割裂严重。课程缺少整合性、实用性和可操作性，忽视了个体对教育的内在感悟和体验以及实践知识的构建。

文化哲学认为，自由是文化的灵魂。自由应该包括对文化主体身心发展的天然性、本能性、潜能性的了解、理解、尊重、开发和发展完善。师范类院校的课程文化要帮助未来的教师实现对未来教学的合作者——儿童的自由的追求和完善。至今，在课程文化的一整套建设中，我们眼里基本只有自己，追求理性和技术性，教材基本是脱离儿童的；即便顾及儿童的地方，对其深入、细致、全面、整体性的研究也不多。课程要体现“以儿童为本”的价值导向。“以儿童为本”，即以小学儿童的身心发展作为课程设置的逻辑起点，将“基于儿童发展”，促进儿童的学习和生活作为课程设置的价值追求，作为小学教师教育课程设置的立场和理念，即重要的价值导向。所以，建构的课程体系中，要明显体现对小学儿童的发展、教育和相关研究的课程。

2. 师生的思维方式

(1)改变唯重理性和技术性的思维定式。陈威认为，加大有关儿童的课程设置，在通识课程的人文与社会模块中建议开设儿童哲学、儿童游戏、中外儿童文学选读等课程；在专业基础类课程中建议开设儿童学研究专题、儿童的个别差异与教育、舞蹈与儿童舞蹈创编、声乐与儿童歌曲、美术与儿童简笔画等课程；在专业核心课程中建议开设小学儿童发展、小学认知与学习、小学儿童生理与卫生保健、小学生心理卫生与辅导等课程；在各专业方向课程中也有不同程度的设置，如中文方向课程设置中有儿童文学、儿童文学名著(经典作品)赏析、儿童影视剧欣赏等课程；在教师职业技能类课程中，建议增加儿童行为的观察与分析；在教育实践课程中，建议增加对儿童的认识、交往的认知与体验的专题和以此为主题的反思。课程的增加有利于形成系统的关于小学儿童发展的认知，形成关注儿童、研究儿童和亲近儿童的态度、情感和积极的行为。

在培养和训练师范生的过程中，我们必须真正深入、细致地去把握教师和师范生的合作者儿童的本质，认识和尊重他们独特的地位和价值，以及他们的价值观、认识世界和把握世界的方式，不断还儿童文化以自由，才能达到师范类课程文化的自由，进而促进双方的自由。

由于儿童成人化使儿童童年的消逝加快，我国长期以来对儿童又不重视且存在“重理论，轻实践”的思维定式，以上改革后的课程设置显示：我们依然对儿童关注不够，思维习惯还是偏重理性和技术性，还未能深入地了解儿童，设身处地考虑儿童的感受；师范生还不能在实践中真正理解儿童是如何学习的，怎样才能学得好，如何有效率地对儿童进行教育教学。比如：设置舞蹈与儿童舞蹈创编、声乐与儿童歌曲、美术与儿童简笔画、儿童文学、儿童文学名著(经典作品)赏析、儿童影视剧欣赏等课程，师范生并不一定能在艺术领域、文学领域游刃有余，把所学所会传授给儿童。

音乐是指有旋律、节奏或和声的人声或乐器音响等配合所构成的一种艺术。它通过有组织的声音所塑造的听觉形象来表达创作者的思想感情，反映社会现实生活，使欣赏者在得到美的享受的同时也潜移默化地受到熏陶。本书所指的音乐除了以上本义，还综合了舞蹈、表演等。

《礼乐·乐记》中有记载：“故歌者，上如抗，下如队(同‘坠’)，曲如折，止如槁木，倨中(‘重’音，正好符合)矩(曲尺)，句中鉤(钩，圆规)，累累乎端如贯珠。故歌之为言也，长言之也。悦之故言之，言之不足故长言之，长言之不足故嗟叹之，嗟叹之不足，故不知手之舞之，足也蹈之也。”

根据以上记载，中国美学大师宗白华追溯说①：中国古代所谓“乐”，并非纯粹的音乐，而是舞蹈、歌唱、表演的一种综合。“歌”是言，但不是普通的“言”，而是一种“长言”。“长言”即入腔，成了一个腔调，从逻辑语言、科学语言走入音乐语言、艺术语言。为什么要“长言”呢？就是因为这是一个情感的语言，“悦之古言之”，因为快乐，情不自禁，就要说出，普通的语言不够表达，就要“长言之”和“嗟叹之”(入腔和行腔)，这就到了歌唱的境界。更进一步，心情激动要以动作来表现，就走到了舞蹈的境界，所谓“嗟叹之不足，故不知手之舞之，足之蹈之也”。这种思想在当时较为普遍。《毛诗序》(注：古代汉族诗歌理论)中也有类似的话。逻辑语言，由于情感之推动，产生飞跃，成为音乐的语言，成为舞蹈。

由以上分析可知，情感是主导所有艺术的核心。而我们改革致力于追求的

① 宗白华．美学散步[M]．上海：上海人民出版社，1981.

课程还是太贫瘠，对于师范生没有情感和美的熏陶，他们将来又如何能引导和培养儿童的情感和人格？而且，所设置的课程让师范生尽量像儿童一样唱、跳、画，却不一定能让儿童学会唱、跳、画。这样，改革后的课程恐怕最终"换汤不换药"。

国外不少研究者通过实验证实：未出生的胎儿就能感觉到一个声音和运动的世界。这种基础性的共同体验将全世界的人类联结起来，而不管那些语言、文化的政治制度的差异。对世界这种与生俱来的缪斯性的理解，是一种共同的人类潜能，是儿童掌握他们遇到的任何语言、文化的基本能力。

钱钟书先生根据《礼乐·乐记》中的这段话，提出了修辞学上的一种手法——"通感"。所谓"通感"是把听觉、视觉、嗅觉、味觉、触觉沟通起来。如歌声本来诉诸人的听觉，但高亢的歌声如用力举物，就与人的肌肉运动(触觉)联系了起来；下滑的歌声，如物件下坠，就与人的视觉联系了起来；刚直的歌声、委婉的歌声都能引起听众情绪的起伏变化，这就是说，音乐不只使人感到悦耳，还能沟通人的其他感觉；不只表现出声音之美，还能"声入心通"，表现出音乐感动人的力量。

"游戏"的英文翻译是 play，《朗文当代高级英语词典》(第 4 版)解释道：play= to perform a piece of music on a musical instrument。其他国家的语言也含有这个意思，说明游戏含有声音和运动这样的缪斯性因素。音乐带来的通感将儿童的理解方式和表达方式联结起来，对儿童作为一个整体的个性产生综合影响，内容、思想、歌曲、情感和身体的运动，构成儿童的全部经验。在儿童本能性游戏火热进行时，以上因素都可以找到。所以，在儿童将内部世界和外部世界和谐联结起来的过程中，游戏是如此重要。布约克沃尔德的研究证明："在所有文化中，游戏的儿童必有某种形式的自发歌唱，这么一种歌唱必然证明着某种共同的缪斯性的母语。"他认为，自发性歌唱能创造联系、交流信息、显示身份；具有治疗性功能；歌唱具有更强的感情力量，能激发想象力和创造力，扩大知晓范围，同时培养情感。歌唱的所有功能都很自然地与儿童的游戏结合在一起，没有自发性歌唱，游戏是不可想象的。

游戏是人内在的天性，换句话说，人生来爱玩。英国心理学家 D. W. 维尼科特认为游戏为概念和理念的内在主体世界和外在客体现实之间的联系架起了一座桥梁。游戏就是梦想和现实之间巧妙平衡的必不可少的中介。

"穿越界限进入到新的理解和知识，这并不容易。这既要付出代价，又对人提出了很高的要求。这甚至还可能对人形成生理和心理两方面的威胁。然而，儿童由于一种内在需要的驱使，不断地做出新的努力来达到缪斯性的突破。他们将自己知道的所有事情聚集起来作为基础，以便跳得越来越远，直到深不可测之处。”①“儿童的‘我感觉了，所以我唱；我唱，所以我存在’这种缪斯性的绝对命令是感觉和理性的创造性需要。”②

“游戏能打破我们称之为技术理性的那种限制。当理性变得过于狭窄而具有危险性时，游戏能够带来新的可能性。当然，所有的人类智力活动都是建立在理性的基础之上的，但是演绎推理的逻辑标准只是这智力活动的一种。价值、愿望、决定等，也是植根于理性的。想象也如此。想象是理性寻求超越自身，理性要达到彼岸，理性长出了翅膀。游戏正是理性获得翅膀的方式之一。正是因为人类具备游戏的能力，文学、视觉艺术和音乐才能将它们的影响充分展开。各种艺术形式与其自身物质材料的游戏，才为我们这个平凡的欧几里得世界创造了丰富的重新赋形的方式；它还引入了疗治过分理性的药量，仅此一点，就已是人类精神冲向自由的重要推动因素了。”

“儿童般的游戏是一种性质不同的理解样式，这种观点与叔本华关于音乐对人类具有独特地位和功能的观点很接近。在叔本华看来，音乐是人类的声音，是人类声音的精华。所以，它就是最有力量的媒介，可以超越理性知识那种厚实的概念阻碍，把人类带入与存在的内在本体直截了当的联系。更靠近现代的是罗兰·巴塞思的相似的观点，将音乐的力量视为可以将我们从日常生活的平庸和陈词滥调中提升出来的力量，为我们的理解开创了新的样式。”

“孩子们在游戏中所找到的正是叔本华和巴塞思用各自的方式在音乐中所领悟到的那种自由。‘本能的缪斯’正是音乐和游戏的源泉，它们是一种我们或许可以称之为‘缪斯性突破’的范例。儿童在早期的发展阶段就是音乐性质的存在，对他们来说，这种‘缪斯性的突破’就典型地发生于游戏的形式中。”③

另外，蒙台梭利说过④：“我们必须记住，三岁大的孩子有一个内在的老师，一直无误地引导他。当我们提及一个自由的小孩时，我们是指他在跟随内在的强大造物主的指引。在造物主的引导下，孩子会把工作做得很彻底。例如：我们原本只期待他擦桌面，但他连桌脚、桌边、底面、缝隙都擦拭了。如果教师给他自由，不加干涉，他就会全神贯注地投入工作。大多数教师总是忍不住不断地打岔、施教，所以习惯受内在造物主引导的孩子无法与爱施教的教师相处。教师可能认

---

①②③ (挪威)让-罗尔·布约克沃尔德．本能的缪斯：激活潜在的艺术灵性[M]．王毅，孙小鸿，李明生，译．上海：上海人民出版社，1997.

④ (意)玛利亚·蒙台梭利．新世纪的教育[M]．郭景皓，译．北京：中国发展出版社，2015.

为他应由易而难渐进地引领孩子。然而孩子可能喜欢先难后易，甚至有时是跃进的。”“教师持有的另一个偏见就是对疲劳的看法。当孩子兴趣浓厚的时候，他们是不知疲倦的，可是教师每几分钟就要他们变换活动并休息，这反而使他们失去兴趣，并感到疲倦。所以一般从师范学校毕业的教师会根深蒂固地持有这些偏见，几乎无可救药。如今大多数大学也都持有这种偏见，认为每隔 45 分钟就应休息一下，这实在是致命的。教育学的世界是遵循人的逻辑，但造物主却另有自己的法则。人的逻辑把心智活动与身体活动当成两回事，认为小孩进行心智活动时就应安静地坐在教室里面，而进行身体活动时就应把心智活动放在一边，这等于把孩子切成两半。当孩子思考的时候，不准他使用双手；但造物主却认为孩子不用双手便无法思考，甚至他们还需不停地走动，像四方游走的希腊哲学家一样。动作与思考需同时进行，但似乎没有这样的学校，会让孩子在学习的同时还能够来回走动。”

我想儿童这种自我发展的能动性正是文化哲学提倡和儿童文化成为其自身的重要部分。在儿童学习和游戏时，我们要充分了解和相信他们自发学习的天性和能力，顺应这种自由，才能真正提高儿童的学习效果。

总的来说，儿童从幼年到早期正是在同步的、缪斯性的整体感觉中学会和形成逻辑语言和科学语言的。因此人们说儿童文化是诗性的，是感性直觉的、音乐性的、富有想象的、自由的、酒神的（尽情解放原始本能，纵情活动和欢乐的）、具有审美和艺术的。

长期以来，我们的教育工作者对游戏的与生俱来性，对游戏与音乐的关系和对儿童的本质、独特地位和价值，特别对于儿童是用游戏和艺术的方式把握世界的特性认识不足。放眼望去，在学前儿童的教育教学领域，艺术性和游戏性要讲求得多一些，从每年各种学术性会议和日常的教育教学就可以看出来。但是在小学儿童教育教学这块，艺术性和游戏性讲求得很少，基本是按照成年人的学习方式来教学。学校的课程基本只有语文、数学的理性学习。

正因为儿童是用艺术的方式把握世界，所以对于从事儿童教育的师范生来说，艺术素养的培养就不是简单的几门课程能够决定的。

根据培养目标的不同，中国高校的艺术教育可以分为专业艺术教育、师范艺术教育、普通艺术教育。总体上说，专业艺术教育的培养目标是培养艺术生产者，如艺术制作者和艺术研究者；后两者主要是培养艺术消费者和艺术鉴赏者。对于师范类院校从事儿童教育的师范生来说，只培养与艺术消费和鉴赏相关的知识、能力、情感及理性还不够。童年是最能培养个性、创造力的时期，所以师范生必须有一定程度的艺术生产的素养。

另外，我们应该增加艺术(综合)、艺术和哲学、艺术和科学、艺术与文学、哲学与科学、哲学与文学的教学法及其应用探索。

(2)改变重理论轻实践的思维定式。本书所指的教育实践是指：师范生在大学督导教师和实习基地的合作教师共同指导下，参与的教学观摩、教育见习、模拟实习、微格教学、教育实习以及教育研习等一系列教育教学活动，从而获取教育实践性知识、加深专业情感、发展教育专业技能、塑造专业自我的活动。

文化哲学认为，实践是儿童文化、课程文化发展的基础，它们是相辅相成的，其中师范类院校的课程文化建立在儿童文化发展的基础上。长期以来，我们忽视对儿童文化的发现、了解、理解和尊重，以及教育教学要符合儿童自身的发展规律。教育实践环节的不足也加重了师范生与儿童及其教育的脱离。

对儿童及其文化的发现和了解是做好儿童教育的前提。而这就必须接触儿童，最好与其同住同吃同学习同游戏并交流。教育部等部门印发的《现代职业教育体系建设规划(2014—2020年)》中提到[①]：职业院校要按照真实的环境真学真做掌握真本领的要求开展教学活动，推动教学内容改革，推动教学方法改革，通过真实案例、真实项目激发学习者的学习兴趣、探究兴趣和职业兴趣。小学儿童是小学教育教学真实环境的主人，如果我们对他们不了解，以上目的都是无源之水、无本之木，很难实现。笔者据研究者的文献和笔者自己十年来指导教育实习的师范生的感受发现，我们的教育实习存在理念落后和不当、和实习学校深度合作不够、优良教育实习学校不足、安排实习时段不当、实习时间过于短暂、实习内容贫乏和范围狭窄、学生实习前应备教学基础不足、实习经费不足、实习指导工作未落实或指导内容脱节、实习成绩评价体制不完善等问题。我们的师范教育不像国外大学那样实践自始至终贯穿，如美国的教育理论课有60%的课时在中小学上，和儿童有较充足的时间接触。我们的教育实践，很大程度上是蜻蜓点水，隔靴搔痒，没有对儿童进行实质性的接触、观察和了解，而且基本没有深入的教育研习，导致师范生走上工作岗位后，面对真实的儿童实际的问题束手无策。由于儿童还处在各方面不成熟的状态，有时还不能全面清楚地认识自己和了解自己，因此需要成人走进儿童世界，观察、记录和分析儿童，以便针对性地实施教育教学，借此发展儿童文化。

---

① 教育部，等．现代职业教育体系建设规划(2014—2020年)[Z]．2014.

在国外，至少在20世纪70年代以后，就不断地有研究者和专家深入到儿童中去，观察、记录和分析与儿童有关的言语、事件、过程，和儿童深度交流，直接进入儿童的世界里帮助、指导其认识和成长。如：苏联教育家苏霍姆林斯基及其《把整个心灵献给孩子》；美国教育家霍尔特及其《儿童怎样学习》；美国著名儿童哲学的开创者及先锋人物加雷斯·B. 马修斯及其《与儿童对话》。马修斯说[①]："如果我们是心理学家，我们可以借着跟小孩说话，了解在他们现在的年龄应该有怎样的表现。我们可以将孩子所说的话视为他们发展的指标，或者，他们说的内容甚至可以显示出他们在某个特定年龄一般应该有怎样的发展，以及这些一般性的发展为什么没有发生在他们身上的原因。如果我们是老师或父母，可以通过与小孩谈话发现他们的发展是否合乎标准。"

日本奈良女子大学在2000年开设了儿童学专业[②]。它的儿童学研究主要有三个方向：基础研究：探究人的起点——儿童，认识儿童的世界；比较研究：探究不同历史过程中、不同文化中的儿童；临床研究：观察、认识有各种问题的儿童，探究育儿与教育的问题。他们除了展开资料研究，还做了很珍贵的现场研究，多角度地把握儿童的现实；积极向社会传递信息，提高整个社会对儿童的认识，对育儿援助等社会课题提出建议。"儿童学项目"所要切入的关键在于深入儿童生活的家庭、地区、学校等各种现场，与现场的人们一起思考，尝试解决现实问题的具体实践，如心理咨询、发展咨询、福利保障维权活动、基于现场调查的研究等。同时也让更多的学生走入社会实践，寻找自己的位置。从以上分析可见，一个项目沟通了儿童、学校、社区、社会，并且还促进了师范生的终身发展，可谓真正的集社会之大成促进教育的"以儿童为本""以人为本"。

"儿童学项目"开设的课程主要有"儿童学概论""儿童学探究""儿童学研讨""儿童学现场实习"等系列课程。"儿童临床学"课程分为四个板块：一是以人文学科、人类科学的基础、概论为学科理论基础，以儿童学基本课程，特别是儿童临床学理论为专业理论基础；二是由"文化""共生""援助"三个领域形成的课程与专题学习与研讨内容，拓展学习者的视野；三是以测量实验性的方法学习或表演制作性的操作学习为起点，探索自主的研究课题，最终在毕业研究、毕业论文中形成成果；四是以现场调查方法实习、开发、表演实习、企业临床实习构成的积累现场经验的实践性学习。以上学习特别注重联合学校、家庭和社会以及学生发现问题、解决问题的综合实践能力的培养。

---

① （美）加雷斯·B. 马修斯．与儿童对话[M]．陈鸿明，译．北京：生活·读者·新知三联书店，2015.
② 陈永明．儿童学概论[M]．北京：北京大学出版社，2013.

(3)完善课程设置的思路。课程设置应按前面学科文化建设中提及的小学教育专业的通识教育类学科和专业教育类学科来完善对应的课程体系。

1)通识教育类。通识教育类包含必修和选修课程，一般政治理论、大学英语、体育、计算机基础、军事理论或实践、社会实践等课程为必修。小学教育专业的学生可以从全校的通识类学科中选修感兴趣的课程，但是该专业的学生还必须修习自然学科。自然学科可以开设的课程：科学发展简史、科学技术与社会、生活中的科学、人类与自然、人口资源与环境、生物、人文和旅游地理、趣味物理、趣味化学、高等数学基础等；人文社会学科可以开设的课程：西方哲学、美学概论、中国古代史、中国现代史、社会学概论、社会心理学、沟通学、人文社会科学基础、中西方文化概论、文化与教育、大学语文、中外儿童文学作品选读、古代汉语、现代汉语、古代文学作品选读、现当代文学作品选读、写作；艺术修养学科可以开设的课程：世界艺术史、中国艺术史、艺术鉴赏、美学鉴赏、艺术道德与评判、音乐基础、美术基础、舞蹈基础、钢琴基础、歌唱基础、朗诵艺术、手工制作和欣赏等。

2)专业教育类。

①专业基础学科。专业基础学科包含教育学基础，课程开设教育基本原理、课程与教学论、课程设计与评价、教育管理学、中外教育史、教育政策与法规；教师职业道德规范与心理健康；现代教育技术；儿童学研究，课程开设儿童学概论、儿童哲学、儿童文学、儿童艺术、儿童游戏、儿童传播媒体社会论和儿童的个性与差异；艺术学科，课程开设儿童歌曲与创编、儿童舞蹈与创编和儿童简笔画与创作等。

②专业核心学科。专业核心学科包含小学教育基础，课程开设小学生发展与教育心理学、小学班级管理及优秀案例解析、小学生认知与学习策略、儿童临床学；心理健康与道德教育，课程开设小学生心理健康与辅导、小学生心理活动设计与指导(注重预防与发展)、小学德育；小学学科教学与活动指导(可分专业方向)，课程开设小学学科课程标准与教材研究、小学学科教学设计与教学法、当代中小学名师教法选讲、小学课堂师生互动技巧、小学优秀教学案例解析、信息技术与小学课程整合；小学跨学科教学法，课程开设小学儿童艺术与哲学教学法、小学儿童艺术与科学教学法、小学儿童艺术与文学教学法、小学儿童哲学与科学教学法、小学儿童哲学与文学教学法；儿童文化实践，课程开设儿童文化实践与开发；小学教师专业发展，课程开设小学教师专业发展的理论与实践、小学教育科学研究。

③教师实践性学科。教师实践性学科可以分为教师技能训练和综合教育实践。其中，教师技能训练包含的课程有：基础技能——教师语言表达技能，三笔字(毛笔、钢笔和粉笔)和简笔画，课件设计与制作，手工；发展技能——教学设计，教学实施，课堂观察与分析，课程与教学资源开发，综合实践活动设计与指导，听课、说课与评课，教学研究和反思及班级管理技能；综合教育实践包含专业认知实习(大学教师的讲授引导，主要是聆听小学校长、名师的讲座与报告，观摩小学教师的优质课和小学的主题活动等，感受小学教师和教育文化，获得专业认知和学习的动力)、微格教学、教育见习(10 周)、教育实习(18 周)、毕业设计(撰写论文、考察学生的教学设计、教学实施能力，还要考查学生的自主学习、研究和反思能力等)。

目前，我们的课程缺少对民族地区、农村地区等的人文关怀和适应性。针对民族农村地区的教学，可以根据本地区的实际情况增删、合并相应的课程。如针对纳西族农村地区培养小学教师，可以增加纳西语、纳西族农村生产生活知识、生态建设知识、经济知识、经济管理基础、西方农村现代化发展史、“三农”问题与中国现代化、农民社会与文化、科学技术与当代农业、城乡文化对比、纳西族农村教育与农民素质、东巴教与纳西文化，以利于未来农村教师对农村的文化、习俗、风情的深入了解；与农村小学教师共同开发农村乡土课程资源，编写一批针对农村小学教师的专业教材，使师范生将来更好地发挥社会效用；同时，儿童学研究专题增设对纳西族农村儿童研究的内容。要针对民族地区农村儿童家庭教育的实际，开展家、校、村委会和社区合作教育的技能训练；重视纳西族农村小学课堂师生互动技巧，重视纳西族农村小学课堂组织与评价、纳西族农村小学教学方法与策略，加强师范生的课堂组织能力。

3. 师生的行为方式

课程文化的行为主体是人，主要通过人的活动来体现。而人最重要最直观的表现又是其言行，所以，课程行为方式主要通过教师的行为、学生的行为、课程实施过程中管理者的管理行为、学校主体间的关系等体现出来。

(1)教师的行为方式。

1)树立新的教育教学观，采用互动的教学方式。以小学教育专业为例。师范类院校教师首先应该做一个缪斯性教师，然后带领师范生不断研究、探索如何把想象的逻辑和理性的逻辑相结合，教会儿童以想象的逻辑带动理性的逻辑的学习，并不断使它们相融合，使整个学习过程充满热情、美好、乐趣和持久的动力。在小学，多年来仍是以语文、数学的教学为主体，而且多是在用教成人的方式教儿童，所以要准备进行长期持久的努力。首先教师要成为富有儿童趣味的教师；教师要时刻把终极受教育者儿童放在心上，不断探索、研究儿童的本质、独特的地位和价值及儿童认识、把握和改造世界的方式，并融合在教学中，为师范生率先垂范；教学要充满艺术性、儿趣化，把音乐、舞蹈、美术、儿歌、游戏等与现代化的信息手段相结合；教师要带领师范生探索艺术、游戏与哲学、科学和文学等的融合方式方法，以便于儿童接受。小学的教育教学，不但要把想象的逻辑和理性的逻辑结合起来，以天赋的想象的逻辑带动处于一定发展水平阶段的儿童理解和掌握理性的逻辑，更重要的是它肩负着培养儿童最终直接和理性的逻辑接触，并在此基础上创造和发展的社会使命。特别是小学前三年，会奠定一个儿童一生的知识、能力和情感、态度与价值观的发展基础，是儿童可持续发展的关键期。

教师应该以学生的引导者、沟通和交往者、促进者的身份走进教育教学，秉持建构主义、多元智能等教学观念，与学生共同参与知识的建构，实现教学相长和共同发展。

2)确立实践、生成性的课程意识，进行课程的创造。文化哲学认为，实践是文化的本质。“人与文化”的内在统一关系，来自人与文化互动、融合的功能性生成，基于“生成着”的文化性规定。正是“符号功能”建立起了人之为人的“主体性”，正是“符号现象”构成了一个康德意义上的现象界——文化世界，正是“符号活动”在人与文化之间架起了桥梁，文化作为人的符号活动的“产品”成为人的所有物，而人本身作为他自身符号活动的“结果”，则成为文化的主人。由此，我们知道，面向儿童教育的课程，创生者应该首先不断为儿童本身创造机会参与实践；其次跟儿童一起参与儿童的实践，从而创生文化符号组成课程，并且注意随着文化的生成不断创生新的课程内容。从而，也丰富了师范类院校和合作伙伴中小学幼儿园的课程资源。

由以上分析可知，教师要努力转变课程观念，培养和增强自己的课程意识，进行课程的创生，从单纯的课程执行者转变为实践型、反思型建构者，以便可持续发展。教师要作为课程的研究者、反思者进入课程，由被动的任务执行者转变为积极的儿童文化实践者，充分发挥主动性和创造性，独立地开发课程，用开放的眼光审视课程，把握课程的生长点，挖掘课程的深层价值，丰富课程的儿童文化内涵，在具体的教学情境中不断地创生课程，赋予课程以儿童文化的性质。

3)强化开放意识，从单干走向合作。合作是社会发展的趋势和必需。师范类院校的教师要放弃传统独自开展教学活动的方式，加强与其他教师的专业对话、沟通、协作，从单干走向合作。其中，切实加强和中小学、幼儿园教师在教学和科研方面的深度合作，组成专业学习共同体，取长补短，互通有无。可以让其承担 20%的课程，共同指导师范生的实践。如果有可能，逐渐靠近美国的实践教学模式，到中小学、幼儿园去实施更多的课程教学。同时，师范类院校没有作为儿童的学生，只有主动和中小学、幼儿园联手，并带动、引领其一起开发和发展儿童文化，才能带动其学校文化发展，师范类儿童文化建设最终才能落到实处。

(2)学生的行为方式。由于学生身心发展的特点以及生活环境、社会经历、人生经验、角色认识和行为规范、智力特征等的不同，学生与教师在价值观念、思维方式、道德准则、行为规范、审美情趣等方面并不完全一致。他们有自己的文化理想，也会在和其他学校文化的相互作用中形成自己独有的文化特征，构成学校课程文化共同体中一种相对独特的文化风景。

学习方式不仅包括相对的学习方法及其关系，而且涉及学习习惯、学习意识、学习状态、学习态度、学习品质等心理因素。从教育心理学角度讲，学生的学习方式有接受和发现两种。2002 年开始的我国新一轮基础教育课程的理念下，产生了许多新的学习方式，如研究性学习、探究性学习、体验性学习、活动化学习、资源型学习、实践性学习等。师范生要适应这些学习方式，以便更好地对儿童实施教育。

1)转变学习习惯。首先，从前已述及的各级学校教育教学的现状，我们知道，师范生从小就在被动地接受教师的权威式主导的教学，自发学习被早早地扼杀和埋没，所以养成了被动学习和思考的习惯；学习中还会受到教学环境、教师素养和教学条件等的限制，所以转变学生学习方式的教学改革是非常艰难的，绝不是以慕课、微课、翻转课堂等新颖、时髦的形式进行一两门学科或课程的教学和活动就能奏效的，它是一个长期的渐进的过程。其次，自主、探究和合作的学习方式建立的首要前提是学习兴趣，而学习兴趣本身是个性心理的表现，是个性在一定条件下长期作用的结果；它是学习的情感动力，是求知欲的源泉；并且，随着年龄的增长，学习兴趣的培养还要靠学生对社会、家庭和个人的责任感的养成。学习责任和学习兴趣是学生个人学习动机的两个重要的构成要素。所以，教师还要引导和帮助学生把近期学习与长远的对于社会、家庭和个人的人生目标结合起来，促进学生学习兴趣的养成。

2)倡导自主学习和研究性学习。由于社会发展的核心动力是想象力和创造力，而师范生未来教育教学的合作伙伴儿童正处于培养和形成创造性的关键期和敏感期。因此，迫切需要培养师范生养成自主学习和研究性学习的良好习惯，且方式很重要。

首先，教师应引导和帮助学生培养学习兴趣，并把近期学习目标和远大的人生责任感相结合，保持持久和深沉的学习动机，以激发其自主和研究性学习。

其次，教师要引导和帮助学生营造自主学习和研究性学习的探索氛围，以激励其自主和研究性学习。鼓励学生大胆猜测、质疑问难、发表自己不同的意见；让学生尝试操作，先做先为，自己决定探索方向；要诱导联想，捕捉灵感；在激励学生自主探索的过程中，教师要充分发扬教学民主，始终以学生组织者的身份出现，为学生提供自我探索、自我创造、自我表现和自我实现的空间。

最后，教师要引导和帮助学生挖掘自己认知、情感和意志方面的潜能，推动学生进行自主学习和研究性学习。可以基于情境创设、案例教学和走进真实的教学环境，充分挖掘学生已有的经验，形成新旧经验的联系，便于学生主动投入到对问题的探究之中，同时也使学生的潜能得到发挥。

(3)管理者的行为方式。

1)尊重学生。师生间的关系首先要遵循人与人之间的交往原则。尊重是师生间平等对话、沟通与合作的必要前提。教师要从思想、情感、行为上尊重学生。尊重在先，才可能有学生主体意识和健全人格的生成；才能提高教育教学的质量，培养一代高素质的创新人才。在教育中，不仅要尊重优秀的学生，而且特别要注意保护不优秀的学生的自尊心，鼓励他们自信、自强，通过各种教育活动不断完善他们的人格。在学校教育中教师要充分地尊重人，尊重学生的合理需要，并对他们的需要做出回应。一旦教育做到了对人的需要的尊重，学校将成为一个充满情感的具有吸引力的场界。

对学生需要以尊重，要求社会、家庭、学校真心关爱学生，不要把自己的需要强加给学生，替代学生做出选择；不要压抑学生从小就表现出来的自发的学习动力，要激发他们的好奇心和求知欲。对学生需要的尊重，应该为每个学生提供学业有成的机会，平等对待每个学生，给学生尤其是后进生以特别关注。教学在学科、课程、实施、管理和评价方式上都要为学生提供可供选择的多元方式。

2)理解学生。理解学生，就是教育者要理解每一个学生的思想、情感和行为，要设身处地，将心比心，换位思考。只有真正走进学生的生活和内心，才能触摸到他们真实的心灵和精神世界，感知学生的烦恼和需求，感受学生的喜怒哀乐，体察学生的爱好、兴趣和志向。

只有真正理解，才能正视学生的差异，把学生当作一个个活生生的独立个体；才能把差异当作教育教学中的资源和财富；才能正视学生的错误，把他们的缺点当作成长和发展中的生长和转折点；不苛求、不埋怨，对学生始终充满宽容和期待。学生的潜力是无限的，尽管有问题、有缺点、有差异，在我们充分的帮助和指导下，只要学生的主体性被充分调动，就一定能成为他们想成为的人才。

理解学生，根本是准确地认识学生、了解学生、熟悉学生，熟悉他们的身心特点和发展水平。由于各种因素的影响，学生的个性和人格都是不同的。只有深入了解学生，认识学生，才能准确地理解学生，才能有针对性地管理好学生。

3)信赖学生。学生是人，是人就具有自尊心和自信心。而且，学生是发展中的人，需要教师和其他人的信赖即他人的鼓励和支持，才能进一步认识自己，肯定自己，培养和发展自尊和自信，发挥出自己最大的潜能。信任学生，就是要相信每一个学生都能学好，都能成才，相信每一个人的力量和价值。教师应该信赖学生，充分给予他们自主选择和决策的权利，满足他们人格独立和自由选择的需要，最终促进学生的个性发展。

4)关爱学生。人是需要感情和关爱的动物。在学生年幼的时候，更需要在爱的滋润中才能得到身心的健康成长，并且学会对外界付出关爱。所以，关爱是一种神奇的生长力量。苏联教育家马卡连柯说过：爱是教育的基础，没有爱就没有教育。

关爱学生，是教师从对社会的使命感和责任感出发，关心爱护学生，尊重学生的人格，平等公正地对待学生；对待学生严慈相济，成为学生的良师益友；保护学生安全，关心学生的身心健康，维护学生的权益；不讽刺学生，不挖苦学生，不歧视学生，不体罚或变相体罚学生。教师在关爱的基础上要严格要求、教育学生，从而培养社会需要的人才。

教师对学生的关爱，与一般的人与人之间的爱不同。它不是来源于血缘关系，也不是来源于教师单纯的个人需求，它来源于教师对教育事业的深刻理解和高度的社会责任感，来源于对教育合作伙伴学生的正确认识、满腔热情和无限希望。教师的关爱对渴望认同、呵护与爱情的年幼的成长中的学生，是情感上的甘泉，是思想和行为上的激励。

作为教师，只有关爱学生，特别是尊重、爱护、信任学生，使学生真正感到来自教师的温暖和呵护，教育才富有实效。对学生的关爱，应该是有明确目的、有正确是非标准的。师爱应该像春雨般“随风潜入夜，润物细无声”，育人于无意无形之中。学生处于成长的关键时期，他们需要教师真诚的关心与爱护。真诚的关心不仅能解决学生在学习生活中暂时出现的困难，而且对学生的一生都会产生深远的影响。只有发自内心对学生的爱护，才能架起沟通学生与教师之间心灵的桥梁，同时影响学生的人生观、价值观与世界观的形成。

没有学生不期望自己是成功者，都期待着收获肯定和赞誉。作为教师，我们应该珍惜学生心灵深处的渴望，努力去欣赏每一位学生，用显微镜捕捉学生的亮点，用放大镜欣赏学生的优点，用赞美的火种点燃学生心中的憧憬和理想，引导学生学会为别人喝彩，健全学生的心灵，拓展学生的思想，丰富学生的情感，完善学生的人格。管理活动方式所衍生出来的行为文化，必然会对学生产生潜移默化的影响。

(4)学校主体间的关系。

1)尊师爱生，相互配合。教育教学过程中，教师是主导，学生是主体。学生要尊重教师的人格与尊严，尊重教师的劳动，了解和认识教师工作的意义，理解教师的心情和愿望，主动支持和协助教师工作，虚心接受教师的指导，明确自己的权利和义务，发挥自己的主观能动性，努力学习和发展。教师要爱护学生，这是教师热爱教育事业的重要体现，也是培养学生热爱他人、热爱集体的道德情感基础。现代师生关系强调的是相互配合与合作，而不再是以教师为单向的主导。

2)民主平等，和谐亲密。民主平等、和谐亲密的师生关系是创设轻松愉悦的课堂气氛的基础，继而为学生创设一个良好的学习心理环境，有助于学生的学习和成长。“亲其师，信其道。”教师应该不断地提升自己的职业素养，形成专业自我，主动做到“以学生为本”。

3)共享共创，教学相长。教师和学生在教育教学过程中，只有认清自己的角色和定位，相互认识、理解和尊重，分享彼此的思想、经验和知识，交流彼此的情感和体验，才能达成共识、共享和共进。

以上所述的面向儿童文化的课程文化建设，其核心是在实践的基础上，依赖儿童的自然本能，对其选择、保持、加强、修正、修改、提升，彰显文化哲学所显示的自我决定、自我依赖、自我创造性，以及在自我创造的基础上实现师范类院校师生的自我确证、自我实现，并且最终能指导和帮助儿童实现以上自由。

(六)教师文化的建设

本书主要从师范类院校教师文化与儿童文化的相互作用入手，探索教师文化的建设，以促进儿童文化的建设。

1. 教师的价值观念

教师作为教育教学中主导性的文化主体，所秉持的价值观念是其教学和科研的核心动向，是教师文化的本真和生命所在。

师范类院校作为高等学校的一个组成部分，是社会先进文化的示范者、引领者和率先践行者。目前，多年前就开始的基础教育改革依然整体深陷困境，未脱离应试教育的格局，即意味着儿童文化依然处于不被重视或不断消逝的境地。这种局面从侧面提醒我们：多年来，师范类院校培养的在中小学、幼儿园工作的师范生的表现可以说是整体缺乏改革的先进理念和指导思想，以及在旧的氛围中被夹住了想象和开拓的翅膀，屈从于现实，无所作为；培养的人才没有像魏书生和马小平那样，是在基础教育的主阵地，在作为儿童文化发展的关键时空范围，勇于敢于做具有先进价值观，了解、理解和尊重儿童的本质、独特地位和价值，并切实在教学和科研中，能够引导和帮助儿童文化发展的人。

多年来，师范类院校和与其联合培养未来儿童教师的中小学、幼儿园在教师文化、课程文化和教学文化等重要方面其实有许多相通之处，但从整体来看它们在本质上却是长期脱离的。因此，价值观念的共同建设也处于长期脱离的状态。师范类院校教师本应是社会先进文化的主导者，却一直受着旧的社会文化的影响，对儿童的本质、独特地位和价值认识不足，尊重不够，甚至会成为儿童成人化的推手和帮手，缺少对现实的批判性精神和重建新文化的勇气和魄力。因而，不但长期在旧的重视理性、工具性和技术性的价值观中很难走出来，而且没有主动意识到与中小学、幼儿园合作的必要性和重要性，因此在联合、带动中小学、幼儿园改变现状方面做得很不够。

正如布约克沃尔德认为的，教师如果没有缪斯心灵，任何学校都不可能成为具有缪斯氛围的学校。教师们在自己的生活中，必须将儿童文化的最基本特征尽可能地转化为一种充满活力的现实。在他看来，自发性、创造性、缪斯能力、即兴创作天赋、幽默机智、热情、职业特性与天真的奇才、自信与引导自信的能力等，这些品质在教师或未来的教师的个性中本应该是作为幼年开始的传统而根深蒂固地存在于他们身上的。很遗憾，在中国，教师的这些品质在小时候没有很好地被挖掘和开发出来。因此，从整体来说，从事儿童教育的教师中，面向学前教育或出身于艺术教育专业的教师艺术能力稍微强一些，出身于其他师范类专业的教师在大学中关于这方面的学习和训练较少，教师没有掌握让儿童的学习成为创造性过程的新的方法。

2. 教师的思维方式

文化哲学认为，文化的本质是实践性的。面向儿童教育的师范类院校的教师文化实践，实际上不能脱离社会和中小学、幼儿园；再者，系统论也告诉我们，任何国家学校教育的改革都不是孤立进行的，要受到社会历史与文化传统的制约；学校是由领导、教师、学生和家长构成的，相互之间应该建立信任合作的关系。如果社会历史和文化传统导致儿童、教师和家长陷入应试教育的问题得不到破解；

每一位儿童的本质、独特的地位和价值，特别是天赋的游戏性、艺术性这些有助于理性学习的本能和潜能得不到尊重；每一位教师的专业性和献身性的实践得不到推崇；每一位家长对于教育的期待和多样的认识得不到理解，以及学校中持续地激励和帮助每一位儿童往有益于其终身的全面发展方向的努力，在这些成员中未能得到培育，那么学校教育的改革是实现不了的。况且，当今社会早已是知识和信息经济高度发展的社会，知识、技术不断推陈出新，竞争日趋激烈，社会需求越来越多样化，使人们在工作学习中所面临的情况和环境极其复杂。在很多情况下，单靠个人已很难完全处理各种错综复杂的问题并采取切实高效的行动。这就需要人们组成团体，进一步要求组织成员之间相互信赖，相互关联，共同合作，建立团队合作来解决复杂的问题，进行必要的行动协调，开发灵活应变的能力和持续创新的能力，依靠团队的合作来创造教育。

儿童是在与儿童文化的互动和融合中具有文化性，并成为具有文化共性的儿童的。儿童文化要在儿童自身及其为儿童创设的实践环境中生根、发芽和壮大。但是目前儿童主要处于应试教育的环境中，没有时空和机会去发展自身的文化；学校的教师也很少在课堂内外的教学中，为儿童创设发展的环境，主要以对待成人的方式对待儿童。

师范类院校的教师一定要革除面向师范生和儿童的教学依然强调理性、技术性的思维定式及重视理论、轻视实践的思维习惯，同时不断增强自身的修养和能力，做勤于、善于思考和想象的缪斯性教师。

3. 教师的行为方式

(1)建设和中小学、幼儿园教师的专业学习共同体。教师专业学习共同体是由为完成共同任务或问题，并有共同的志趣、愿景、情感等精神因素的教师个体(专家、教师)共同构成的学习团体，他们通过交流、沟通、互助和合作，分享各种学习资源，利用各种优势创造有机的、和谐的学习环境，为教师个体提供学习、反思的机会，从而促进教师个体专业成长。

至今，在师范类院校面向儿童的教学和研究方面，仍缺少本院校以及师范类院校和中小学、幼儿园跨学科团队的合力建设，缺少实践的有力支撑；师范生的教育实践和教师指导的质量，不但要依靠师范类院校本身的教育水平，也要依靠中小学、幼儿园的教育水平。深入中小学、幼儿园腹地进行研究，可以使师范类院校丰富和扩展教育教学的理论，并完善相关的实践。中小学、幼儿园教育教学遇到问题，其本身力量单薄，如果能得到师范类院校的帮助，就可以促进其教师专业的长足发展。因此，进行双方的共同协作建设，是教育理想和现实的要求。

共同体特有的深藏不露的文化底蕴决定该组织一切外显的因素，只有文化才是共同体建设的根本。文化自觉指教师从其习惯和想当然的状态中走出来，在一定程度上对自己的教学、研究等行为进行反思和批判，对他者文化进行理性解构，进行有意识的选择、取舍，最终进行创新。

①学习共同体的合作文化建设。以师范类院校和小学的合作举例。一般来说，大学文化的特质是具有浓郁的思想自由、兼容并包、学术创新和服务社会的氛围，小学文化的特质是引导学生为终生的发展奠定基础、养成习惯，因而教师们形成了服从和少求甚解的态度；大学教师关注理性层面的认识以及理论上对问题的解决，小学教师关注操作层面的认识以及实践中对问题的解决；大学教师对专业问题秉承探究、批判和创新的态度，小学教师对专业问题保持受纳与解释的态度，追求问题解决的策略与方法；大学教师更多地表现为高度自主的专业生活方式，小学教师更多地表现为高度组织的专业生活方式。总而言之，大学与小学存在着物质文化上的差异、精神文化上的差异，表现在素质水平的差异(理性的加工者还是实现者)、语言文化的差异(书面文化还是口语文化)、制度文化的差异(表现在经济来源、课程设置与管理、组织形式与结构方面)、行为文化的差异(学术文化还是工作文化，合作型文化还是独立型文化)。

共同体合作文化建设的核心是要培养社会需要的人，实现教育价值的最大化。我们要在理论和实践之间架起沟通的桥梁，师范类院校的教师和小学教师应该通过创办共同体网站；共同申报、完成教育课题；相互听、评课；师范类院校的专家和学者教会小学教师学会反思、研究和创新等方式，对以上所述两者不同的一般文化，相互理解、尊重和融合，共同创造一种对双方都适用的理论和制度。对于各自的作为个体认同和生命发展的根基校本文化，相互理解、尊重和融合是共同体建设要面临的问题。

②学习共同体的教学文化建设。由于儿童和小学教育的特征，小学教师应该是全科型的综合人才。而师范类院校面向小学教育培养师资，该院校教师也要不断进行跨学科的协作。但是至今小学和大学不但在这方面做得不够，还缺乏合作。

我在课题研究中，以云南省丽江市古城区为例，曾经做过调查。农村小学的教育首先具有基础性、全面性和养成性，而其规模一般又比较小，所以教师要成为全科型教学能手。古城区纳西族的农村小学从地理位置上区分一般包括 3 个类型：在丽江坝子(山间小盆地)里远离城市的农村小学、高寒山区农村小学和城乡结合部小学。我们分别调研了三类学校中的丽江市古城区七河镇晶宇希望小学、金山乡光彩民族小学、束河完全小学，与三位校长进行了访谈；在这三所学校和七河镇的忠义完全小学对教师就专业化素质做了问卷调查；对部分学校的教师和学生进行了访谈，总结发现教师的教学、科研方面存在以下主要问题：

由于传统教学理念的积重难返，外部文化、竞争氛围又不强，加之云南省的中小学在全国居于前列的繁重的教学、管理工作量的牵绊，领导和教师们还没有从实质上和在实践中真正把握新课程改革的"以学生为本"的核心理念，学生自主、探究、合作的学习方式没有从根本上养成。教师们认为一堂课的构成是讲授 15 分钟，学生讨论 15 分钟，学生练习 10 分钟，把新课程倡导的教学简单化和机械化了。

在调查中，62%的教师认为自己最需要补充学科专业知识，21%的教师认为最需要补充的是教育理论知识，17%的教师认为最需要补充的是文化基础知识。93%的教师认为最想提高的是教学能力，23%的教师最想提高反思能力，23%的教师最想提高现代教育技术手段运用能力。47%的教师明显感到在新课程改革中，现有知识技能不够用。认为写教学后记、教学日记很有必要的教师占到了 69%。从上级部门到学校不重视对教师科研素养的培养，只是在评职称时要求教师写论文。至今，被调查的学校中只有处于城郊结合部的束河完全小学因为外来孩子多，家长要求高，发自内心地升起危机感。该学校是云南省纳西母语文化传承示范基地，但是缺少纳西语的专职教师，学校开展了一些传承纳西族文化的学习和活动，但是文化的传承和发展还没有成为领导、教师和学生的自觉意识和行动，还需要不断地加强。

要在共同体中进行教学文化建设，大学和小学联合深入研究小学教育的特征，分别加强大学和小学学科教研组、跨学科教研组的建设，大学教师利用教学网站建设、专家和学者理论讲座、课例研讨、跨学科主题教研、跨学科教师团队联合指导综合实践活动课程的实施、使小学教师学会反思和批判等方式，聚焦课堂，提升小学教师的学科教学水平，促进教师的教学经验向教育智慧转化，并提升大学教师与师范生的实践研究能力，发挥集体中的教师的主体精神和能力。特别是要关注农村文化和地方文化的特点，在多元文化的基础上实现对话、交流、融合和共生。

③学习共同体的研究文化建设。师范类院校在小学教育跨学科的教学、研究和合作方面有待提高。从以上分析，我们也看到了小学教师习惯于接纳、模仿，缺少追问、反思和批判精神，专业发展主动性差，极易在教育教学研究中成为被动的接受者，不想也不可能拥有研究的主动权。师范类院校首先应该发挥自己的物质文化、精神文化、制度文化和行为文化的特色和优势，在小学教师教育方面

实行跨学科的教学、研究和合作；其次应使小学教师站在较高的平台上认识到研究的重要性，对小学教师进行教育教学理论的指导和帮助，真正走进课堂，和小学教师共同面对教育教学中的问题，结合农村文化和地方文化，并学会用多元文化的视角，利用理论一起分析问题，一起反思和解决问题，切实教会小学教师做科学研究。同时师范类院校教师们自己也能基于实践的平台，增加自己和师范生的理论研究的知识以及提升用理论解决实际问题的能力。

(2)师范类院校教师要率先成为"缪斯性"教师。文化哲学要求追求儿童的文化成人，从儿童本性上追求儿童成其为儿童，然后在此基础上使他们逐渐社会化即成人。师范类院校教师作为师范生的示范者，应该首先成为对儿童文化的主体儿童身心发展的本质、独特的地位和价值的了解、理解、尊重、开发、发展和完善的践行者。基于儿童文化的游戏性、艺术性的核心特性，要努力提升缪斯性的素养，开发和挖掘自己缪斯性的潜能或能力，首先成为儿童文化的生产者和创造者。如今，中国整体的现实是中小学、幼儿园要么只上语文和数学课，要么"小学化"倾向严重，具备缪斯性观念和能力的教师很少。所以，师范类院校教师必须借助教师专业学习共同体，带动和联合基础教育阶段的教师，成为创造型的缪斯性教师。

(3)在课堂上，师范类院校教师要率先践行游戏性和艺术性的教学，让教学充满童趣。师范类院校教师作为师范生的示范者，中小学、幼儿园教师的带动者，在大学课堂上要率先开拓和践行游戏性和艺术性的教学，基于情境教学和案例教学，联合中小学、幼儿园教师，多面向儿童进行教学和研究，最终让教学充满童趣。其他教学方面的实践要求在专业文化和课程文化等中都有述及，在此不再赘述。

(七)教学文化的建设

教学文化是儿童文化建设最直接的途径，它的建设质量是儿童文化建设具体落实和成功的根本保障。

1. 师生的价值观念

师范类院校的教学文化是其发展的根基。师范类院校肩负着四大职能：培养人才、科学研究、社会服务和文化传承与创新，其中人才培养是其基本使命。文化哲学认为，这四种使命都要强调"以人为本"。师范类院校的使命的高质量完成最终要落实到"以儿童为本"，了解、理解和尊重每一位儿童的本质、独特的地位和价值，特别是天生的喜好与擅长的游戏和艺术，这些有助于激发理性学习的本能和潜能；并且借助课程和教学贯彻实施。以往的教学追求的是理性和技术性，并且重视理论、轻视实践，把知识和技术作为师生包括儿童唯一追求的教学目标。文化哲学认为，所有的文化实践都是追求自由和解放，即要把人从单纯的理性、技术性中解救出来，追求人真正的幸福和真善美。在教学中，师范生和儿童都要学会认识自己及生活的目标，认识社会，掌握与获得幸福和追求真善美相关的知识、技能和能力以及做人的情感、态度和价值观。而这其中，学生本身是能动的主体，是具有自我向善向上良能的主体，只有他们的全身心参与，最终才能达到培养目标。所以教师单向的传授是忽视或漠视人的主体性和能动性，是达不到效果的。师范类院校的教学要崇尚求真务实；追求自由独立、兼容并包；不断求异创新，与时俱进。

2. 师生的思维方式

以小学教育专业为例。首先，在各学科教师归属初等教育学院的前提下，要打破单学科的思维模式，相互沟通和融合，努力培养跨学科教学思维。跨学科教学团队要努力形成合作和融洽的人际关系，团队带头人必须以积极的心态、开放的态度和奉献的精神进行对话交流和人际交往，必须集中团队智慧对各种教学问题和研究问题进行沟通、交流、探索，达到相互理解，寻求共识，以便在跨学科教学文化信念上建构专业共同体，以开展跨学科教学和研究。同时，教学团队要建立团队规则，包括合作的时间、地点、技术、程序、组织形式和利益分配等方面；各团队成员要认识自己的角色和统一的行为模式，最终不断构建和完善跨学科教学组织文化。

其次，在继续重视理性、技术性的同时，整个跨学科团队要带动中小学、幼儿园，重视对儿童和儿童文化的研究；并针对研究成果，有意识地采取相应的教学方法和措施。

最后，在教学和研究中，加强师范生对于儿童情感的培养，重视师范生的批判和创造性思维的培养，使之在儿童文化的开发研究方面不断努力和进取。

3. 师生的行为方式

组成跨学科教学团队，建立团队规则，包括合作的时间、地点、技术、程序、组织形式和利益分配等方面，继而构建和完善跨学科教学组织文化。带动中小学、幼儿园和师范生，进行基于中小学、幼儿园教学和研究问题的跨学科教学和研究合作，以不断丰富和完善儿童文化。

在继续重视理性、技术性的同时，整个跨学科团队要带动中小学幼儿园和师范生，对儿童和儿童文化展开观察、了解、分析和研究，并学会针对儿童的实际实施相应的教育。在教学和研究中，培养他们的批判和创造性思维，学会因材施教，使他们将来能不断进行儿童和儿童文化的研究。

其他的教学行为在前面的专业文化、课程文化和教师文化建设中都有述及，在此不再赘述。

总结和展望

本书在梳理与儿童文化相关的概念，介绍相关理论基础的前提下，主要基于对儿童本质的现象学描述以及对社会和学校中的儿童文化危机的现象学分析，描述、分析和解释儿童文化的现状及其根源，借此充分认识儿童文化主要在社会、高等学校层面的存在、建设现状，并在文化哲学、文化哲学指导下的文化生态学的理论引导下，努力进行儿童文化的建设探索，以便对改变儿童文化和相适应的儿童教育濒危的境况提供参考和启示。

由于至今对儿童文化的理论和实践研究还很少，本人综合素养也还有待不断提升，因此对儿童本质、儿童文化相关现状的描述、分析和解释还欠全面、客观和准确，对儿童文化的建设思路还有待拓展。

在后继的研究中，本人将继续提升综合素养，主要在观察、分析和指导儿童、儿童文化，特别是儿童游戏的开发、儿童科学与艺术的融合等方面做进一步的探索。

作者简介

陈卫，女，教育学原理专业学科硕士，丽江师范高等专科学校教育科学系讲师，主要从事高等教育和基础教育研究。

参考文献

References

一、书籍类

[1] 丁福保．说文解字诂林[M]．北京：中华书局，1988.

[2] 谷衍奎．汉字源流字典[M]．北京：华夏出版社，2003.

[3] (法)让-雅克·卢梭．爱弥儿：论教育[M]．李平沤，译．北京：商务印书馆，1978.

[4] (意)玛利亚·蒙台梭利．新世纪的教育[M]．郭景皓，译．北京：中国发展出版社，2015.

[5] (美)康拉德·菲利普·科塔克．人类学[M]．12 版．黄剑波，等，译．北京：中国人民大学出版社，2012.

[6] (德)M. 兰德曼．哲学人类学[M]．阎嘉，译．贵阳：贵州人民出版社，2006.

[7] 刘进田．文化哲学导论[M]．北京：法律出版社，1999.

[8] 刘晓东．儿童文化与儿童教育[M]．北京：教育科学出版社，2006.

[9] 边霞．儿童艺术与艺术教育[M]．南京：江苏教育出版社，2006.

[10] (德)卡西尔．人论[M]．唐译，编译．长春：吉林出版集团有限责任公司，2014.

[11] 方卫平，刘宣文．2007 中国儿童文化研究年度报告[M]．杭州：浙江少年儿童出版社，2008.

[12] (美)加雷斯·B. 马修斯．童年哲学[M]．刘晓东，译．北京：生活·读书·新知三联书店，2015.

[13] 丰子恺．给我的孩子们[M]．北京：海豚出版社，2014.

[14] 杨东平．教育的重建[M]．上海：上海社会科学院出版社，2016.

[15] (美)约翰·杜威．民主主义与教育[M]．王承绪，译．北京：人民教育出版社，2001.

[16] (美)约翰·杜威．学校与社会·明日之学校[M]．赵祥磷，任钟印，吴志宏，译．北京：人民教育出版社，2005.
[17] (德)福禄培尔．人的教育[M]．孙祖复，译．北京：人民教育出版社，1991.
[18] (美)约翰·霍尔特．儿童怎样学习[M]．张达明，等，译．长春：吉林教育出版社，1987.
[19] (苏)B. A. 苏霍姆林斯基．把整个心灵献给孩子[M]．唐其慈，等，译．天津：天津人民出版社，1981.
[20] (美)加雷斯·B. 马修斯．与儿童对话[M]．陈鸿铭，译．北京：生活·读书·新知三联书店，2015.
[21] (美)加雷斯·B. 马修斯．哲学与幼童[M]．修订版．陈国容，译．蒋永宜，校译．北京：生活·读书·新知三联书店，2015.
[22] (印)拉宾德拉纳特·泰戈尔．新月集　飞鸟集[M]．郑振铎，译．上海：华东师范大学出版社，2016.
[23] (英)大卫·帕金翰．童年之死[M]．张建中，译．北京：华夏出版社，2005.
[24] (美) 尼尔·波兹曼．童年的消逝[M]．吴燕莛，译．北京：中信出版社，2015.
[25] (加)马克斯·范梅南．生活体验研究——人文科学视野中的教育学[M]．宋广文，等，译．北京：教育科学出版社，2003.
[26] 孙生龙．谁绑架了中国父母[M]．南京：江苏人民出版社，2010.
[27] (英)侯赛因·卢卡斯．夏山学校毕业生[M]．王靓，译．上海：华东师范大学出版社，2015.
[28] (挪威)让-罗尔·布约克沃尔德．本能的缪斯：激活潜在的艺术灵性[M]．王毅，孙小鸿，李明生，译．上海：上海人民出版社，1997.
[29] 赖华强．班主任工作案例教程[M]．广州：暨南大学出版社，2004.
[30] 宗白华．美学散步[M]．上海：上海人民出版社，1981.
[31] 陈永明．儿童学概论[M]．北京：北京大学出版社，2013.
[32] 何诚斌．老儿戏[M]．图文珍藏版．北京：当代世界出版社，2006.
[33] (英)马丁·约翰逊．艺术与科学思维[M]．傅尚逵，刘子文，译．北京：工人出版社，1988.
[34] (美)卡洛琳·爱德华兹，莱拉·甘第尼，乔治·福尔曼．儿童的一百种语言[M]．罗雅芬，连英式，金乃琪，译．南京：南京师范大学出版社，2006.

二、期刊类

[1] 郑素华．“儿童文化”新解[J]．浙江师范大学学报(社会科学版)，2015(2)：56-60.
[2] 谢毓洁．晚清：儿童文化研究的新地带[J]．湖南城市学院学报，2007，28(4)：66-68.
[3] 马菁．近十年来国内文化生态问题研究综述[J]．湖南社会科学，2011(1)：26-31.
[4] 冰心．父亲的“野”孩子[J]．小学生必读(高年级版)，2012(10)：16-17.
[5] 卜卫．捍卫童年[J]．读书，2000(3)：45-50.
[6] 老舍．有了小孩以后[J]．谈风，1936.
[7] 罗云．关于学科、专业与课程三大基本建设关系的思考[J]．现代教育科学，2004(5)：32-34.

三、学位论文类

[1] 王萍．教育现象学方法及其应用[D]．郑州：河南大学，2010.
[2] 徐辉富．教育研究的现象学视角[D]．上海：华东师范大学，2006.
[3] 王喜海．论回归童年的儿童教育[D]．南京：南京师范大学，2008.
[4] 钱雨．儿童文化研究[D]．上海：华东师范大学，2008.
[5] 周朝成．当代大学中的跨学科研究[D]．上海：华东师范大学，2008.
[6] 陈威．实践取向的小学教育专业课程设置研究[D]．长春：东北师范大学，2013.
[7] 毛曙阳．儿童游戏与儿童文化[D]．南京：南京师范大学，2008.
[8] 王一军．基于儿童文化的课程开发[D]．上海：华东师范大学出版社，2004.

四、网络类

[1] 陈一文．中国为何女童性早熟？[DB/OL]．新浪网，2012 年 4 月 9 日．
[2] Elaine. 儿童时尚成人化：潮流危机[DB/OL]．中国童装网，2014 年 11 月 27 日．
[3] 网易教育频道综合．儿童读物“成人化”引人忧，建议引导读好书[DB/OL]．网易，2013 年 4 月 22 日．
[4] 儿童成人化　谁之过？[DB/OL]．中国早教网，2009 年 6 月 18 日．
[5] 360 百科．马小平[DB/OL]．